Allitera Verlag

Beiträge zur Geschichtswissenschaft
Herausgegeben von Ernst Piper

Reihe Hamburger postkoloniale Studien
Herausgegeben von Jürgen Zimmerer

Hier bisher erschienen:

Band 1: Mara Müller, »Freiheit für Nelson Mandela«. Die Solidaritätskampagne in der Bundesrepublik Deutschland

Malina Emmerink

Hamburger Kolonisationspläne 1840–1842

Karl Sievekings Traum einer »Deutschen Antipodenkolonie« im Südpazifik

Allitera Verlag

Weitere Informationen über den Verlag und sein Programm unter:
www.allitera.de

September 2014
Allitera Verlag
Ein Verlag der Buch&media GmbH, München

Umschlaggestaltung: Kay Fretwurst, Freienbrink
unter Verwendung eines Motivs von Brigitte Lutz
Printed in Germany · ISBN 978-3-86906-636-3

Warrekauri,
die Insel der Glückseligkeit.

Neuentdeckt vom Herrn Syndicus Sieveking in Hamburg.
Motto: God save the Sieveking!

Sei uns gegrüßt, preiswürd'ges Chatham-Eiland,
Umgürtet von der Südsee mächt'gem Ring;
Wir flieh'n zu Dir, nicht mehr so träg' wie weiland,
Als nach America noch Jeder ging,
Wir folgen Ihm, dem Emigranten-Heiland,
Hammonien's Syndicus, Herrn Sieveking,
Verlassen Deutschland's vielgetheilten Boden
Und zieh'n in's Fabelreich der Antipoden.

Brecht auf, Ihr Badner, Thüringer und Baiern,
Ihr Schwaben, Sachsen, Schlesier, eilt herbei:
Dort könnt Ihr Eure Auferstehung feiern,
Von jedem Zwang, von Mauth und Steuern frei,
Dort spricht von dem, was hier nur Dichter leiern,
Vom jungen Deutschland selbst der Papagei,
Dort habt Ihr Jagdrecht auf jedweden Sperling
Und einen Acker Land's für – zwei Pfund Sterling.

Folgt Ihm, dem Herrn! Verlaßt die deutschen Linsen,
Das deutsche Bier, den deutschen Zollverband,
Ruh't auf Neuseeland's Farrenkraut und Binsen,
An eines schwärzlich-grünen Baches Rand;
Dort könnt Ihr Euren Menschenwerth verzinsen,
Den tück'schen Neger füttern mit Verstand,
Dort brennt der Torf nicht bloß auf Eurem Heerde,
Nein! seit Jahrzehnten selbst im Schooß der Erde.

Dort könnt Ihr rothe Fichtenbeeren sammeln,
Am salz'gen See die sumpf'ge Marsch ersteh'n,
Sodann mit Euren Schaafen, Euren Hammeln
Auf der einsamen Haide schlummern geh'n,
Könnt mit den Eingebornen schwäbisch stammeln
Und aus Neuseeland's Flachs – Euch Stricke dreh'n;
Dort ist das Land, wo selbst für Hinz und Stoffel
Die Freude blüh't, die göttliche Kartoffel.

Dort könnt Ihr Euch in Wallfischthran berauschen,
könnt unter flüsterndem Karaffa-Baum
Mit einer schwarzen Dame Küsse tauschen,
Verschweben in der Wollust sel'gen Raum;
Dem Lied der Singevögel könnt Ihr lauschen
Und alles Leid vergessen, wie im Traum...
*Schon brüllen Hamburgs Kammer *): »Gott verdauri,*
Wy goat mit Froo un Kind na Warrekauri!«

Nicht deutsche Haiden Ihr mehr bebauen,
Nein! in des stillen Meeres Felsenbucht
Sammt Euren jungen Töchtern, Euren Frauen
Den Stamm veredeln und die Menschenzucht;
An den dünnbein'gen Britten sollt Ihr schauen,
Wie man erträgt des Clima's Riesenwucht,
Man giebt Euch die Idee, Eu'r Sein zu fristen,
Das Sonst'ge bringt fein mit, ihr Colonisten.

Schon seh' die hanseatisch-deutsche Flotte
Ich siegreich schwimmen auf dem Ozean;
Sie wird als ein Geschenk vom höchsten Gotte,
als Evangelium allen Völkern nah'n;
Zum Hohn Amerika's, zu England's Spotte
Macht sie die halbe Welt sich unterthan,
und dieser giebt man dann als Haupt-Verzierung
Die hanseat'sche Vetterschafts-Regierung.

Hammonien's Flagge in ureig'ner Reinheit
Weh't nun auch bei den Antipoden bald – – –
Um deutschen Fortschritt und um Deutschland's Einheit,
Um Eisenbahnen, um des Dampf's Gewalt –
Sich darum kümmern – ha, das wär' Gemeinheit!
Die ferne Insel winkt in Lichtgestalt...
Sie, die kein Land der Welt umsonst genommen,
Ist ja an Hamburg zum Verkauf gekommen.

Schön muß sie sein, denn sie ist transatlantisch,
Und in der Fremde blüh't allein das Glück;
Die Fahrt dahin – wie reizend, wie romantisch –
Legt kaum in sieben Monden man zurück,

Und der Gewinn, gewaltig, elephantisch,
Ein Haufen Goldes jedes Ackerstück…
Pasquille mach' ich hier für's Volk, ich Pinsel,
Und könnte Krösus sein auf jener Insel!!

Die Vettern, Schwäger, Lüttmaids, Concubinen,
Der speichelleckende Bedienten-Schwarm,
Kurz Alle, denen wir so willig dienen,
Sind nun versorgt, gebettet weich und warm.
Ich armer Schelm, wie freudig folgt' ich ihnen…
O, wenn doch einst, befreit von jedem Harm,
Von des fiscalischen Processes Bürde,
Ich Gouverneur auf Warrekauri würde!!!

**) im breitesten Dialect.*

Hamburg, Februar 1842, Wilhelm Hocker

Quelle: Hocker, Wilhelm (1843), *Poetische Schriften*, Kiel, S. 275–279, zit. aus Kopie in StAHH, 622–1/90 Sieveking, E 25, Bd. 1.

Inhalt

Für meine Eltern Christine und Hubert,
die meine Begeisterung für Neuseeland immer teilten.

Vorwort

Die vorliegende Publikation ist eine leicht überarbeitete Fassung meiner Magisterarbeit, die ich im März 2012 am Historischen Seminar der Universität Hamburg eingereicht habe. Der Anstoß für meine Beschäftigung mit den Hamburger Kolonisationsplänen 1840–1842 erfolgte allerdings schon zehn Jahre zuvor, als ich 2002/2003 als Schülerin am Geschichtswettbewerb des Bundespräsidenten zum Thema *Weggehen – Ankommen. Migration in der Geschichte* teilnahm. Durch meine Recherche zur frühen deutschen Auswanderung nach Neuseeland wurde ich damals auf die geplante Kolonialisierung der südpazifischen Chatham-Inseln durch den Hamburger Syndikus Karl Sieveking aufmerksam. Während eines Auslandssemesters in Neuseeland ergab sich dann 2009 die Möglichkeit, umfassende Archivrecherchen in Wellington und Nelson durchzuführen, an die sich im folgenden Jahr eine Sichtung der relevanten Bestände im Hamburger Staatsarchiv anschloss. Im Rahmen meiner Magisterarbeit konnte ich das vielfältige Quellenmaterial zu dem bisher nur wenig bekannten Kolonialprojekt dann auswerten und freue mich, meine Ergebnisse durch diese Publikation einer breiteren Leserschaft zugänglich machen zu können.

Mein Dank gilt zunächst meiner Betreuerin, Frau Prof. Dr. Claudia Schnurmann, und meinem Zweitgutachter sowie Herausgeber dieses Bandes, Herrn Prof. Dr. Jürgen Zimmerer. Zudem möchte ich Herrn Dr. Hinrich Sieveking dafür danken, dass er mir freundlicherweise die Nutzung des Familienbestands Sieveking im Hamburger Staatsarchiv genehmigte. Darüber hinaus danke ich Timo Lutz und Hubert Düthmann für ihre vielfältige Unterstützung sowie Annegret Stechow und Anne Porsch für ihre wertvollen Korrekturen.

Schließlich danke ich der Johanna und Fritz Buch Gedächtnis-Stiftung, Hamburg, die diese Publikation mit einem großzügigen Druckkostenzuschuss gefördert hat.

Einleitung

Die vorliegende Publikation behandelt den ab 1840 von dem Hamburger Senatssyndikus Karl Sieveking theoretisch und praktisch initiierten Plan, im Südpazifik eine »Deutsche Antipodenkolonie« unter Hamburger Leitung zu gründen, die den Beginn eines weltumspannenden Netzes deutscher Siedlungskolonien und Handelsstützpunkte markieren sollte. Die etwa 860 Kilometer östlich der Südinsel Neuseelands gelegenen Chatham-Inseln sollten zur Heimat für deutsche AuswanderInnen werden und als Handelsstützpunkt direkt die Wirtschaft der Hansestädte und der deutschen Staaten bereichern.

Abgeleitet aus der intendierten Organisationsstruktur der »Deutschen Antipodenkolonie« wird der Begriff *Kolonie* in Anlehnung an Osterhammel hier definiert als »ein durch Invasion (Eroberung und/ oder Siedlungskolonisation) [...] neugeschaffenes politisches Gebilde, dessen landfremde Herrschaftsträger in dauerhaften Abhängigkeitsbeziehungen zu einem räumlich entfernten ›Mutterland‹ [...] stehen, welches exklusive ›Besitz‹-Ansprüche auf die Kolonie erhebt.«[1]

Im engeren Sinne findet in diesem Kontext auch der Terminus *Siedlungskolonie* Anwendung, der nach Osterhammel die als Folge eines militärisch flankierten Kolonialisierungsprozesses etablierte permanente Präsenz einer agrarischen Siedlerbevölkerung aus dem Mutterland bezeichnet.[2]

Finanziell und strukturell von einflussreichen Hanseaten unterstützt, plante Karl Sieveking für die Durchführung und Finanzierung des Vorhabens eine *Deutsche Colonisationsgesellschaft* mit Sitz in Hamburg zu gründen. Auf eigene Verantwortung führte er ab Mai 1841 Verhandlungen mit der britischen Siedlungsgesellschaft für Neuseeland, der *New Zealand Company*, und schloss mit ihrem Sekretär John Ward am 12. September 1841 einen vorläufigen Kaufvertrag über die Inseln ab. Nach mehr als sechsmonatigen Verhandlungen scheiterte die Ratifi-

1 Osterhammel, Jürgen (2003), *Kolonialismus. Geschichte Formen Folgen*, 3. Aufl., München, S. 16.

2 Als weitere Definitionskriterien nennt Osterhammel die billige Nutzung von Land und Arbeitskräften, die Etablierung im Mutterland kritisierter minoritärer soziokultureller Lebensformen sowie frühe Ansätze der Unterdrückung der indigenen Bevölkerung durch die Selbstregierung der »weißen« KolonistInnen. Vgl. ebd., S. 17ff.

zierung des Vertrags jedoch – und damit die Gründung der »Deutschen Antipodenkolonie« – aufgrund eines internationalen[3] Interessenskonflikts bezüglich der Souveränitätsfrage zwischen der britischen Regierung, den Vertretern der *Deutschen Colonisationsgesellschaft* und den Akteuren der *New Zealand Company* mit Sitz in London. Auf der Basis einer Modifikation des Chatham-Plans entsprang dem Sieveking'schen Kolonisationsplan schließlich das erste deutsche Migrationsvorhaben nach Neuseeland 1842–1843. Dieses Alternativunternehmen, das von dem in London lebenden preußischen Geschäftsmann John Nicholas Beit initiiert wurde, kann hier jedoch nur am Rande beleuchtet werden.

Der vorliegenden Publikation liegen zwei Forschungsfragen zu unterschiedlichen Relevanzebenen des Kolonisationsvorhabens zugrunde. Einerseits wird anhand der Motive und Ziele Sievekings die lokale Bedeutung der geplanten »Deutschen Antipodenkolonie« untersucht. Dabei steht die Frage im Fokus der Analyse, welche Bedeutung den Kolonisationsplänen im Kontext politischer und ökonomischer Unabhängigkeitsbestrebungen Hamburgs und der Hansestädte in der ersten Hälfte des 19. Jahrhunderts beigemessen werden kann. Zudem wird erörtert, durch welche theoretischen Einflüsse Sievekings Ideen geprägt wurden, wie er seine Ziele praktisch umsetzen wollte und welche Faktoren auf lokaler und überregionaler Ebene zum Scheitern des Unternehmens beitrugen.

Andererseits wird die internationale Bedeutung des Vorhabens analysiert, die sich in den Verhandlungen über die Souveränität der Inseln manifestierte. Zu diesem Zweck wird anhand der Korrespondenz zwischen den Vertretern der drei Akteursgruppen untersucht, wie diese ihre unterschiedlichen Positionen durchzusetzen versuchten und inwiefern die Opposition der britischen Regierung das Scheitern des Projekts auf internationaler Ebene bedingte. Die zentrale Streitfrage, ob die britische Krone die Souveränitätsrechte über die Chatham-Inseln aufgrund der offiziellen Entdeckung 1791 für sich beanspruchen konnte oder die *New Zealand Company* durch den Kauf der Inselgruppe das Recht der Übertragung derselben an eine deutsche Gesellschaft erwarb, wird im Zentrum der Untersuchung stehen. Dabei wird der Schwerpunkt weniger auf dem tatsächlichen staatsrechtlichen Verhältnis der Inselgruppe bei Ver-

[3] Aufgrund der politischen Ordnung des Deutschen Bundes ab 1815 ist mit diesem Begriff hier eine Zwischenstaatlichkeit gemeint, die nicht auf Nationalstaaten beschränkt ist, sondern konkret die Beziehung zwischen der Regierung des Vereinigten Königreichs von Großbritannien und Irland und politischen Vertretern der einzelnen Mitgliedsstaaten des deutschen Staatenbundes bezeichnet.

handlungsbeginn liegen. Vielmehr stehen die unterschiedlichen Wahrnehmungen der Rechtslage durch die Akteure im Fokus der Analyse, da diese die Grundlage für die Wahl ihrer Handlungsstrategien bildeten.

Durch die Untersuchung der beiden Relevanzebenen des Chatham-Projekts soll die These überprüft werden, dass ein von Hamburg geleitetes deutsches Kolonialunternehmen im Südpazifik, wie es Sieveking vorschwebte, in der ersten Hälfte des 19. Jahrhunderts nur mit der Billigung Großbritanniens hätte Erfolg haben können. Dem liegt die Überzeugung zugrunde, dass die Hansestadt Hamburg allein nicht in der Lage war, die Ära eigenständiger deutscher Kolonialpolitik einzuleiten, da das Projekt weder von einem geeinten Nationalstaat mit militärischen Schutzorganen getragen wurde, noch auf eine breite Unterstützung in anderen deutschen Staaten stieß.

Im ersten Kapitel wird eine kurze Einführung in den präkolonialen geographisch-ethnologischen Kontext Neuseelands und der Chatham-Inseln das Untersuchungsgebiet vorstellen und demonstrieren, dass dieses bereits lange vor der europäischen »Entdeckung« von polynesischen SeefahrerInnen in Besitz genommen worden war. Anschließend wird der Beginn der britischen Besiedlung und politischen Intervention skizziert, um vor diesem Hintergrund die Entstehungsgeschichte der *New Zealand Company* als Siedlungsgesellschaft mit kolonialpolitischen Ambitionen untersuchen zu können. Anschließend werden der Landerwerb der *New Zealand Company* auf den Chatham-Inseln im Mai 1840 dargestellt und frühe Bemühungen um die Anwerbung deutscher SiedlerInnen für die Kolonie Neuseeland betrachtet. Die im Folgenden vorgestellte systematische Kolonisationstheorie Edward G. Wakefields bildete nicht nur das theoretische Fundament der britischen Besiedlung Neuseelands: Auch Sievekings Antipodenkolonie sollte sie als Kolonisationsmodell dienen und war somit von zentraler ideeller Bedeutung für die Hamburger Kolonisationspläne.

Karl Sieveking war ein wichtiger Vertreter der kaufmännisch-politischen Elite der Hansestadt Hamburg. Zwar plante er, auch in Bremen und Lübeck sowie in anderen Mitgliedstaaten des Deutschen Bundes UnterstützerInnen und KolonistInnen für das Projekt zu gewinnen. Hamburg wollte er jedoch zum organisatorischen Zentrum des Unternehmens machen. Aus diesem Grund wird im zweiten Kapitel die politische und ökonomische Entwicklung Hamburgs in der ersten Hälfte des 19. Jahrhunderts skizziert, um die Handlungsräume der Hamburger Akteure aus ihren spezifischen soziokulturellen Rahmenbedingungen heraus erklären zu können.

Zudem werden die vormärzliche Diskussion der Auswanderungsfrage und der daraus resultierende Kolonialdiskurs in den deutschen Staaten bis zum Beginn der 1840er Jahre zusammengefasst sowie erste kolonialpolitische Ambitionen von Hamburger Kaufleuten beschrieben. Dadurch sollen die überregionalen und lokalen Einflüsse auf die Ideen Sievekings herausgestellt werden.

Das dritte Kapitel wird sich dem ersten Untersuchungsschwerpunkt des Buches widmen und die Entstehungsgeschichte der geplanten »Deutschen Antipodenkolonie« beleuchten. Nach einer Vorstellung Karl Sievekings im Rahmen seines soziokulturellen Umfelds wird es zunächst um die Frage gehen, welche Überlegungen seiner Idee einer deutschen Überseekolonie unter Hamburger Leitung zugrunde lagen und wo der Syndikus glaubte, diese realisieren zu können. Anschließend werden die Umstände beleuchtet, unter denen Sieveking und John Ward zusammen trafen und der Inhalt des vorläufigen Kaufvertrags vom 12. September 1841 dargestellt sowie die darin enthaltenen Handlungsimplikationen analysiert. Besondere Aufmerksamkeit gilt dabei der Frage, inwieweit die Souveränität der Inselgruppe bereits im Vorvertrag thematisiert wurde.

Bei der Untersuchung des konkreten Kolonisationsplans für die Chatham-Inseln werden auf der Basis von Publikationen Karl Sievekings und John Beits drei unterschiedliche, teilweise jedoch miteinander verknüpfte Aspekte im Fokus stehen. So werden erstens die verschiedenen Facetten des Bildes kritisch beleuchtet, das die Autoren offiziell von den Chatham-Inseln propagierten. Zweitens werden die Motivationen und Ziele, die dem Vorhaben zugrunde lagen, ausführlich analysiert. Dabei werden sowohl sozioökonomische, politische und christlich-humanitäre Aspekte, als auch die erwünschte Bedeutung der intendierten Kolonie im Rahmen von Welthandelsbestrebungen und der geplante militärisch-koloniale Einfluss der Hamburger Kaufleute im Südpazifik erörtert und reflektiert werden. Zudem wird herausgestellt, welche Kritik die Verfasser an zeitgenössischen Verhältnissen übten, welche Vorstellungen über die überregionale Bedeutung der Hansestädte ihren Argumenten zugrunde lagen und welche Widersprüche in ihren Motivationen und Zielsetzungen zu erkennen sind. Drittens wird anhand des intendierten politisch-administrativen und ökonomischen Aufbaus der Kolonie untersucht, wie die Akteure ihre kolonialpolitischen Absichten praktisch umsetzen wollten. Anschließend werden Sievekings Werben für den Kolonialplan und die ihm direkt oder über die Presse aus den Hansestädten und anderen deutschen

Staaten entgegengebrachten Reaktionen darauf untersucht. Darauf folgend werden die Gründungsmitglieder der *Deutschen Colonisationsgesellschaft* und die Motive für ihr Engagement sowie der Inhalt der Statuten der Gesellschaft vorgestellt. Die Ergebnisse des ersten Hauptteils werden dann in einem Zwischenfazit resümiert.

Das vierte Kapitel wird sich mit dem Ratifizierungsprozess und den Ursachen seines Scheiterns auf internationaler Ebene beschäftigen und damit den zweiten Untersuchungsschwerpunkt behandeln. Nach einer Vorstellung der Motive der *New Zealand Company* für die Veräußerung der Inselgruppe an eine deutsche Gesellschaft werden zunächst die Gründe für die Opposition der britischen Regierungsvertreter gegen das Sieveking'sche Kolonialvorhaben erörtert. Anschließend werden anhand der Korrespondenz in drei chronologisch geordneten Sinnabschnitten die verschiedenen Argumentationsmuster und Vorgehensweisen der Akteure in Hamburg und London analysiert. Der Untersuchung der von den Vertretern der *New Zealand Company* verfolgten Verzögerungstaktik wird in diesem Zusammenhang besondere Aufmerksamkeit beigemessen. Zudem wird erörtert, wann und warum John Beit die Verhandlungen mit den britischen Akteuren übernahm und wie er durch eine Anpassung des Plans an die Interessen der Verhandlungspartner die Unterstützung derselben gewinnen konnte. In einem Zwischenfazit werden anschließend die Ergebnisse des zweiten Hauptteils zusammengefasst.

Im fünften Kapitel werden in einem Ausblick auf die konkrete Planung und Durchführung der ersten deutschen Migration nach Neuseeland die indirekten Folgen der Chatham-Pläne skizziert. Im sich anschließenden Fazit werden die Ergebnisse der Analyse der Hamburger Kolonisationspläne 1840–1842 resümiert und hinsichtlich der Forschungsfragen nach den verschiedenen Bedeutungsebenen des Projekts ausgewertet.

Das Kolonisationsunternehmen sollte von Hamburg geführt, von den Regierungen anderer deutscher Staaten unterstützt und von AktionärInnen und AuswanderInnen aus dem ganzen Bundesgebiet realisiert werden. Sieveking verfolgte mit seinen Plänen unterschiedliche Ziele auf lokaler und nationaler Ebene und variierte den Fokus, je nachdem, mit wem er kommunizierte. Die terminologische Frage, ob auf den Chatham-Inseln eine *hamburgische*, *hanseatische* oder *deutsche Kolonie* gegründet werden sollte, ist also nicht eindeutig zu beantworten, auch weil es im Vorfeld unklar war, ob die Souveränität einem einzelnen oder mehreren deutschen Staaten übertragen werden sollte. Im Folgenden wird die intendierte Siedlung auf den Chatham-Inseln dennoch als *deutsche Kolonie*[4] bezeichnet, da zum einen Sieveking selbst den Begriff »Deutsche Antipodenkolonie« verwendete und zum anderen verschiedene deutsche Staaten beteiligt werden sollten. Die Bezeichnung *Hamburger Kolonisationspläne* wurde gewählt, weil der Hamburger Syndikus Karl Sieveking das Vorhaben initiierte und Hamburg das organisatorische Zentrum des Unternehmens bilden sollte.

Das Thema dieses Buches war bisher nur selten Gegenstand geschichtswissenschaftlicher Forschung und wurde in jüngerer Zeit praktisch nicht untersucht: Bis heute wurde keine Monographie über die Hamburger Kolonisationspläne 1840–1842 veröffentlicht und die wenigen vorhandenen Aufsätze und Abhandlungen wurden alle vor 1994 verfasst. Die umfassendste Untersuchung des Themas nahm Heinrich Sieveking 1896 in einem Aufsatz und 1928 im dritten Band seiner Biographie über Karl Sieveking vor.[5] Obwohl dem Autor als Enkel des Syndikus hinsichtlich der Bewertung des Projekts eine gewisse Parteilichkeit zugeschrieben werden kann, stellen die Schriften H. Sievekings aufgrund ihrer Detailfülle einzigartige Informationsquellen für das Thema dar. Darüber hinaus sind der Beitrag von Gerda Eichbaum in einem Sammelband von 1950, das Überblickswerk zur britisch-neuseeländischen Geschichte von Angus J. Harrop aus dem Jahr 1926 und die Untersuchung zur Wirtschaftsgeschichte Hamburgs von Adolf Coppius 1905 wichtige Sekundärquellen für den Gegenstand der vorliegenden Publikation.[6] Ein weiterer, von R. Körner verfasster Aufsatz war im Rahmen der Literaturrecherche für dieses Buch leider nicht zugänglich.[7] Nachdem Patricia L. Berry in ihrer Abschlussarbeit an der University of Canterbury 1964

[4] Im Sinne eines von einem oder mehreren Mitgliedsstaaten des Deutschen Bundes verwalteten Kolonialbesitzes und nicht die Herrschaft eines übergeordneten deutschen Nationalstaats betreffend.

[5] Sieveking, Heinrich (1896), »Hamburger Kolonisationspläne 1840–42«, in: *Preußische Jahrbücher*, Bd. 86, S. 149–170; Sieveking, Heinrich (1928), *Karl Sieveking (1787–1847). Lebensbild eines Hamburgischen Diplomaten aus dem Zeitalter der Romantik*, Teil 3: *Das Syndikat*, Hamburg.

[6] Coppius, Adolf (1905), *Hamburgs Bedeutung auf dem Gebiete der deutschen Kolonialpolitik*, Berlin; Eichbaum, Gerda (1950), »Deutsche Siedlung in Neuseeland. Ein Hamburger Siedlungsversuch im 19. Jahrhundert«, in: *Geschichtliche Landeskunde und Universalgeschichte. Festgabe für Hermann Aubin*, Hamburg, S. 259–269; Harrop, Angus J. (1926), *England and New Zealand: From Tasman to the Taranaki War*, London.

[7] Körner, R. (1912), »Hamburger Vorläufer Deutscher Kolonisation. (Erwerb der Chatham-Inseln durch Synd. Karl Sieveking und der am 1.II.1842 gegr. deutsche Kolonisationsgesellschaft)«, in: *Der Hamburger*, Bd. 2, S. 319–322.

unter anderem das Chatham-Projekt behandelt hatte (jedoch ohne eigene Quellenrecherche), folgten bis heute mit den Aufsätzen von Werner Ustorf 1983 und Rhys Richards 1993 nur noch zwei weitere Veröffentlichungen zum Thema.[8] Ergänzend zur vorhandenen Sekundärliteratur basiert die Publikation auf einer Auswertung von Quellenbeständen des Staatsarchivs der Freien und Hansestadt Hamburg (622–1/90 Familienarchiv Sieveking), der National Archives New Zealand in Wellington, Neuseeland (CO 208 New Zealand Company Records) und des Nelson Provincial Museum and Archives in Nelson, Neuseeland (AG 86 und 349 Heine Family Papers). Neben zeitgenössischen Zeitungsartikeln und Primärtexten der relevanten Akteure wird der Analyse vor allem die Korrespondenz zwischen den Akteursgruppen in Hamburg und London als Quellenbasis dienen.

8 Berry, Patricia L. (1964), *Germans in New Zealand 1840–1870*, Thesis, MA University of Canterbury, Christchurch; Richards, Rhys (1993), »Plans for a German Colony on the Chatham Islands«, in: Bade, James N. (Hg.) (1993a), *The German Connection: New Zealand and German-speaking Europe in the Nineteenth Century*, Auckland, S. 46–51; Ustorf, Werner (1983), »Die deutsche Antipoden-Colonie. Ein patriotischer Traum aus dem Hamburger Vormärz«, in: Entwicklungspolitische Korrespondenz (Hg.), *Deutscher Kolonialismus. Materialien zur Hundertjahrfeier 1984*, Hamburg, S. 23–43.

1. Die Geschichte der britischen Siedlungskolonie Neuseeland

1.1. Geographisch-ethnologische Vorbemerkungen

Die neuseeländischen Inseln waren, mit Ausnahme der Antarktis, mit insgesamt 270000 Quadratkilometern die letzte große Landfläche der Erde, die von Menschen besiedelt wurde. Seit der physischen Trennung vom südlichen Großkontinent Gondwana vor etwa achtzig Millionen Jahren hatten Flora und Fauna der gebirgigen Inseln in kompletter Isolation existiert, bis die ersten Māori zwischen 1250 und 1300 n. Chr.[9] ihre Küste erreichten.[10] Sie waren Nachfahren nomadischer SeefahrerInnen Südostasiens, die sich durch ausgeprägte navigatorische Fähigkeiten auszeichneten und mit hochseetauglichen Doppelrumpfbooten bis vor etwa dreitausend Jahren immer weiter in den Südpazifik, unter anderem nach Fiji, Samoa und Tonga, vorgedrungen waren.[11] Von der mythischen Heimatinsel Hawaiki[12] aus erreichten einige dieser später als Polynesier bezeichneten SeefahrerInnen schließlich Neuseeland und ließen sich dort dauerhaft nieder. Mit sich brachten sie ihre ostpolynesische Kultur, ein Konglomerat verschiedener ethnischer und linguistischer Strömungen.[13] Erst durch die Anpassung ihrer kulturellen Praxis an die neue Umwelt und die Entwicklung alternativer Überlebensstrategien in der Isolation entstand eine eigenständige Kultur der Māori, die verschiedene Wandlungsprozesse durchlebte.[14] Den Kern

9 Konkurrierende Hypothesen datieren ihre Ankunft zwischen 2000 und 600 Jahre zurück; heutige ArchäologInnen gehen allerdings von einem dauerhaften Besiedlungszeitraum zwischen 1250 und 1300 n. Chr. aus. Vgl. King, Michael (2003), *The Penguin History of New Zealand*, Auckland, S. 18; Smith, Philippa M. (2005), *A Concise History of New Zealand*, Cambridge u. a., S. 6, 15.

10 Vgl. Belich, James (1996), *Making Peoples. A History of the New Zealanders*, Auckland, New York, S. 39; Brooking, Tom (2004), *The History of New Zealand*, Westport/Conn., London, S. 12; King 2003, S. 22; Smith 2005, S. 1–2.

11 Vgl. King 2003, S. 31ff.; Smith 2005, S. 7–8.

12 Um welche Inselgruppe es sich dabei handelte, ist bis heute nicht abschließend geklärt. Die meisten AutorInnen gehen aber davon aus, dass es die Marquesas-, Gesellschafts- oder Cook-Inseln waren. Vgl. Brooking 2004, S. 11; King 2003, S. 49; Smith 2005, S. 7.

13 Vgl. ebd., S. 6.

14 Vgl. King 2003, S. 62; Smith 2005, S. 6. Smith geht davon aus, dass die Eigenbezeichnung *Māori* (»normal«, »natürlich«) erst in Abgrenzung zu den europä-

derselben bildeten klar definierte Konzepte von kollektiver Identität und Status, vor allem auf der Basis von Verwandtschaftsbeziehungen.[15] Die kosmologische und weltliche Ordnung wurde durch genealogische Zugehörigkeit bestimmt, welche die Lebenden mit den Ahnen verband und ihre Beziehung zur Natur verwandtschaftlich definierte.[16] Ökonomisch begannen die Neuankömmlinge mit der intensiven Jagd heimischer Vögel, Robben und Fische, die das Aussterben von etwa dreißig bis vierzig Arten, wie dem über drei Meter großen Moa-Vogel, bis ca. 1500 n. Chr. zur Folge hatte. Zudem rodeten sie in dieser Zeit schätzungsweise die Hälfte aller Waldflächen.[17] Die Ausbeutung ihrer natürlichen Umgebung mündete in eine Versorgungskrise, welche die Māori zur sukzessiven Anpassung ihrer ökonomischen Praxis an ein nachhaltiges Ressourcen-Management zwang.[18]

Ein heute widerlegter europäischer Mythos postulierte eine frühe Besiedlung Neuseelands von dunkelhäutigen MelanesierInnen, Moriori genannt, die Opfer einer gewaltsamen Unterwerfung durch die später kommenden Māori geworden seien.[19] Trotz ersten Gegenstimmen Mitte des 19. Jahrhunderts fand er noch bis in die 1970er Jahre in wissenschaftlichen Kreisen Verbreitung, auch weil er mit der Geschichte der auf den Chatham-Inseln lebenden Ethnie gleichen Namens vermengt wurde.[20]

Die neuere Forschung geht davon aus, dass im 15. Jahrhundert oder früher eine eigenständige ostpolynesische Gruppe die Chatham-Inseln (zu denen zehn Inseln mit insgesamt knapp tausend Quadratkilometern gehören) erreichte und sich dort ansiedelte.[21] Die Moriori wurden zu

ischen Neuankömmlingen ab ca. 1860 Verbreitung fand. Vgl. ebd., S. 16. Im Folgenden wird der Begriff der Einfachheit halber jedoch als universeller Terminus für die vorkolonialen BewohnerInnen Neuseelands verwendet.

15 Vgl. Brooking 2004, S. 16; Smith 2005, S. 18.

16 Vgl. Brooking 2004, S. 14–15; Smith 2005, S. 9.

17 Tim Flannery prägte für die frühen Māori den Begriff »Future Eaters«, da sie ihre eigene Lebensgrundlage innerhalb von kurzer Zeit selbst zerstörten. Vgl. Belich 1996, S. 50–51; Brooking 2004, S. 15; King 2003, S. 63.

18 Vgl. Belich 1996, S. 68ff.; Brooking 2004, S. 16; Smith 2005, S. 17.

19 Geprägt von John H. Scott, Stephenson P. Smith und anderen wurde dieser Mythos einer rassisch und kulturell minderwertigen Ethnie, die ihrerseits von den Māori kolonisiert wurde, zur Legitimation der europäischen Kolonisation Neuseelands verwendet. Vgl. Belich 1996, S. 26; King 2003, S. 45–47, 56–57.

20 Vgl. Belich 1996, S. 26.

21 Vgl. Brooking 2004, S. 12ff.; Smith 2005, S. 19. Ob diese von den neuseeländischen Inseln oder direkt aus dem ostpolynesischen Raum kam, ist bis heute nicht abschließend geklärt.

sesshaften JägerInnen (vor allem Robben-, Fisch- und Vogelfang) und SammlerInnen, da das raue Klima der Inseln den Anbau mitgebrachter Nutzpflanzen verhinderte.[22] Sie lebten in einer klassenlosen Gesellschaft und entwickelten aus ihren ostpolynesischen Wurzeln eine eigene Sprache und materielle Kultur. Während kriegerische Auseinandersetzungen um Ressourcen und Einflussbereiche zwischen Māoristämmen (*Iwi*) ab dem 16. Jahrhundert üblich wurden[23], praktizierten sie friedliche Konfliktlösungsstrategien und waren folglich wehrlos, als 1835 eine Gruppe von fast tausend Māori aus Neuseeland die Inseln überfiel, die meisten Moriori ermordete oder versklavte und die wenigen Überlebenden dauerhaft unterwarf.[24] Sie prägten den Namen *Warekauri* für die Hauptinsel, aus der in den Hamburger Kolonisationsplänen später *Warrekauri* als Bezeichnung für die ganze Inselgruppe wurde. Heute gibt es auf den Chatham-Inseln und in Neuseeland noch knapp tausend Menschen, die teilweise von Moriori abstammen.[25]

1.2. Europäische Entdeckung und die Aktivitäten der *New Zealand Company*

Die Entdeckung der »Statenlandt« getauften neuseeländischen Südinsel durch den holländischen Seefahrer Abel Tasman 1642, der sich für die *Niederländische Ostindien-Kompanie* auf die Suche nach erschließbaren Rohstoffen und einem vermuteten Kontinent im Südpazifik begeben hatte, war zunächst folgenlos geblieben.[26] Erst 1769 rückte Leutnant James Cook im Auftrag der britischen Royal Navy die inzwischen in »Nieuw Zeeland« umbenannte Inselgruppe in den Fokus der europäischen Öffentlichkeit. Während seiner sechsmonatigen Umseglung und drei weiteren Aufenthalten nahm Cook die Inseln formal für die britische Krone in Besitz, fertigte präzise Karten von ihnen an und

[22] Vgl. Brooking 2004, S. 12ff.; Smith 2005, S. 19; Sutton, Douglas G. (1980), »A Culture History of The Chatham Islands«, in: *The Journal of the Polynesian Society*, Bd. 89, H. 1, S. 68.

[23] Vgl. King 2003, S. 72, 84; Smith 2005, S. 19.

[24] Vgl. Belich 1996, S. 76, 164; Brooking 2004, S. 12ff.; King 2003, S. 54–55; Smith 2005, S. 19, 37.

[25] Ein neuseeländischer Zensus von 2006 bezifferte ihre Zahl auf 945. Vgl. Solomon, Māui; Denise Davis (aktualisiert am 13.07.2012), »Moriori«, in: *Te Ara – The Encyclopedia of New Zealand*, http://www.teara.govt.nz/en/moriori/6, zuletzt aufgerufen am 18.03.2014.

[26] Vgl. Brooking 2004, S. 24; King 2003, S. 93ff.; Smith 2005, S. 23.

markierte mit seinen Berichten über fruchtbare Böden und natürliche Ressourcen den Beginn der ökonomischen Ausbeutung Neuseelands durch europäische Unternehmen.[27]

Um die Jahrhundertwende kamen Gruppen von Robbenjägern aus Sydney und Hobart, welche die Bestände vor Neuseeland innerhalb kürzester Zeit komplett zerstörten.[28] In den 1830er Jahren erreichte die Walfangindustrie ihren Höhepunkt und führte zu dauerhaften Kontakten vieler Māori mit europäischen Siedlern, Produkten und Nutzpflanzen. In den Stationen mit bis zu tausend Männern war das Leben meist geprägt von hoher Brutalität, Alkoholkonsum und Mangelernährung.[29] Robben- und Walfänger prägten auch die 1791 von William R. Broughton – einem der Kapitäne der britischen Vancouver-Expedition – entdeckten und benannten Chatham-Inseln.[30]

Die Einführung europäischer Feuerwaffen ließ die bis dahin ritualisierten und durch soziale Mechanismen kontrollierten Konflikte zwischen Māoristämmen ab 1815 in einer Reihe blutiger Kriege eskalieren, die so genannten Musket Wars, in denen bis 1845 etwa 20000 Māori ums Leben kamen.[31] Eine zentrale Rolle im Friedensprozess spielten christliche Missionare, die sich nach der Ankunft der anglikanischen *Church Missionary Society* 1814 – gefolgt von weniger einflussreichen Methodisten 1823 und Katholiken 1838 – in Neuseeland etabliert hatten.[32]

Interne Dynamiken im pazifischen Raum, zwei Hilfegesuche von Māoristämmen an die britische Krone und der Druck humanitärer Kräfte in London führten schließlich zur Ausweitung des britischen Einflussbereichs auf Neuseeland.[33] Nach einer Warnung des Beobachters James Busby[34] vor der Gefahr der Musket Wars für britische Sied-

[27] Vgl. Brooking 2004, S. 24–25; King 2003, S. 102ff.

[28] Brooking datiert den Höhepunkt der Robbenjagd auf das Jahr 1806, als der Jäger John Grono allein 60000 Robbenhäute verkaufte. Vgl. Brooking 2004, S. 27; King 2003, S. 118–119.

[29] Vgl. Brooking 2004, S. 27ff.; King 2003, S. 115ff., 121ff.; Smith 2005, S. 30.

[30] Vgl. King 2003, S. 111.

[31] Vgl. Belich 1996, S. 157ff.; Brooking 2004, S. 32ff.; Smith 2005, S. 34.

[32] Vgl. Brooking 2004, S. 34–35; Smith 2005, S. 30, 38. WissenschaftlerInnen haben die Initiative der Māori in der Kontaktaufnahme betont, die sich Zugang zu europäischer Technologie und Bildung erhofften und ab den 1830er-Jahren begannen, das Christentum an ihren indigenen Glauben an personifizierte Naturgottheiten anzupassen. Vgl. Belich 1996, S. 110, 164ff.; Brooking 2004, S. 19, 35–36.

[33] Vgl. ebd., S. 37; Smith 2005, S. 42.

[34] Der 1833 nach Neuseeland geschickt worden war, um moralischen Einfluss auf SiedlerInnen und Māori auszuüben und maßgeblich zur Unterzeichnung der

lerInnen erreichte der spätere erste Gouverneur William Hobson 1837 Neuseeland und unterbreitete dem Colonial Office im folgenden Jahr den Vorschlag einer britischen Teilsouveränität und eines Vertrags mit den Māori als Basis für Landkäufe.[35] Sir James Stephen, seit 1836 *Permanent Undersecretary of State for War and the Colonies* und Vertreter eines christlich-humanistischen britischen Imperialismus, ernannte Hobson trotz anfänglichem Zögern zum britischen Konsul und sandte ihn im Januar 1840 nach Neuseeland, um einen solchen Vertrag auszuhandeln.[36] Das so genannte *Treaty of Waitangi* unterzeichneten ab dem 6. Februar 1840 etwa die Hälfte aller *Rangatira* (Stammesführer der Māori). Sie übertrugen dadurch die volle Souveränität und das alleinige Landkaufrecht der britischen Krone und sicherten sich dafür offiziell die Rechte und Privilegien britischer StaatsbürgerInnen. Am 21. Mai 1840 annektierte Hobson im Auftrag Großbritanniens die Nord- und Südinsel und etablierte dadurch offiziell die britische Souveränität über Neuseeland.[37] Obwohl von einem Briten offiziell entdeckt, wurden die Chatham-Inseln nicht explizit in den britischen Einflussbereich mit eingeschlossen. In diesem Umstand wurzelte die spätere Auseinandersetzung über die Souveränität der Inselgruppe.

1837 hatte eine Gruppe von Politikern und Intellektuellen (unter anderen Francis Baring, John G. Lambton (der spätere Lord Durham) und Lord Petre) in London die *New Zealand Association* gegründet und den Plan einer organisierten britischen Emigration nach Neuseeland bekannt gegeben, der jedoch im Colonial Office und bei den Missionsgesellschaften auf Ablehnung stieß.[38] Ein Jahr später folgte die Neugründung der Gesellschaft als *New Zealand Company*[39], der die Inkorporation durch

Declaration of Independence durch viele *Rangatira* 1835 beigetragen hatte. Vgl. Brooking 2004, S. 36; Smith 2005, S. 39, 41.

35 Vgl. ebd., S. 42–43.

36 Vgl. Brooking 2004, S. 38; Smith 2005, S. 40ff.

37 Ungenaue Übersetzungen führten jedoch zu zentralen Missverständnissen über die Bedeutung und Folgen des Vertrags. Vgl. Brooking 2004, S. 39–40; Smith 2005, S. 47ff.

38 Vgl. Sinclair, Keith V. (2000), *A History of New Zealand*, 5. überarb. Aufl., Auckland, New York, S. 63. Bereits 1825 war zu diesem Zweck eine britische Siedlungsgesellschaft gegründet worden, deren Vorhaben jedoch aus verschiedenen Gründen scheiterte. Siehe dazu Wolfe, Richard (2007), *A Society of Gentlemen. The Untold Story of the First New Zealand Company*, Auckland.

39 Einflussreiche Gründungsmitglieder waren unter anderen Lord Durham, Baron Petre, Sir William Molesworth und die Brüder John und William Hutt. Vgl. King 2003, S. 171–172.

Royal Charter[40], und damit die offizielle Anerkennung der Krone, ebenfalls verweigert wurde. Entschlossen, auch ohne Regierungsunterstützung die systematische Besiedlung Neuseelands zu initiieren, sandte die Gesellschaft im Mai 1839 das Expeditionsschiff *Tory* aus, um Land für zukünftige SiedlerInnen zu kaufen.[41] Die neuere Forschung geht davon aus, dass sich die Eigeninitiative der *New Zealand Company* und die britische Entscheidung zur Annexion gegenseitig bedingten und beschleunigten.[42] Die britische Intervention und die Gründung des heutigen Wellington durch die *New Zealand Company* nach der Ankunft der ersten britischen AuswanderInnen am 22. Januar 1840 etablierten ein dauerhaftes Spannungsverhältnis zwischen den um Landkontrolle und Einflussbereiche konkurrierenden Akteuren des Colonial Office und der *New Zealand Company*.[43] Durch die Bestimmungen des *Treaty of Waitangi* waren die Landspekulationen der Gesellschaft fortan von der Zustimmung der Krone abhängig. Durch einen Vertrag mit dem Kolonialminister Lord John Russel Ende 1840 lockerten sich die Restriktionen jedoch merklich und die Verleihung der Royal Charter am 12. Februar 1841 berechtigte die *New Zealand Company* dazu, im Auftrag der Krone Land zu kaufen und zu verkaufen.[44] Die Inkorporation ermöglichte dem britischen Kronrat jedoch auch, größeren Einfluss auf die inneren Angelegenheiten der *New Zealand Company* zu nehmen und verschärfte dadurch das Spannungsverhältnis.[45]

Zwischen 1840 und 1850 plante und gründete die *New Zealand*

[40] Durch die Verleihung dieser königlichen Satzungen werden in Großbritannien seit dem 13. Jahrhundert Körperschaften in das britische Rechtssystem inkorporiert und mit gewissen Privilegien ausgestattet. Die Inkorporation hat zur Folge, dass wichtige innere Angelegenheiten der Gesellschaft fortan der Kontrolle des Kronrats unterliegen (wie die Änderung oder Erweiterung der Statuten). Vgl. Privy Council Office (Hg.), »Royal Charters«, http://privycouncil.independent.gov.uk/royal-charters/, zuletzt aufgerufen am 18.03.2014.

[41] Vgl. Sinclair 2000, S. 68.

[42] Demnach versuchte die *New Zealand Company*, vor einer sich bereits abzeichnenden Annektierung so viel Land wie möglich zu erwerben, um den daraus resultierenden Regulierungen zu entgehen, während die Krone genau dies verhindern wollte. Vgl. Brooking 2004, S. 38; Love, Ngatata (1997), »Edward Gibbon Wakefield: A Maori Perspective«, in: The Friends of the Turnbull Library (Hg.), *Edward Gibbon Wakefield and the Colonial Dream: A Reconsideration*, Wellington, S. 6–7; Sinclair 2000, S. 68–69.

[43] Vgl. ebd., S. 71.

[44] Vgl. Burns, Patricia (1989), *Fatal Success: A History of the New Zealand Company*, Auckland, S. 51.

[45] Vgl. http://privycouncil.independent.gov.uk/royal-charters/, zuletzt aufgerufen am 18.03.2014.

Company insgesamt sechs Siedlungen[46] in der britischen Kolonie Neuseeland. Durch zahlreiche, Neuseeland als ideales Auswanderungsziel anpreisende Werbekampagnen – zwischen 1837 und 1880 publizierten Mitglieder und UnterstützerInnen der *New Zealand Association* und *New Zealand Company* etwa 40 Bücher und 100 Prospekte[47] – wurden mehr als 15 000 europäische AuswanderInnen angelockt und ließen sich dauerhaft in diesen Siedlungen nieder. Die Organisation der Auswanderungen wurde vor Ort von Agenten der *New Zealand Company* übernommen, welche die Werbeschriften übersetzten und verbreiteten und mit den InteressentInnen korrespondierten.[48]

Ein wichtiger Protagonist der Aktivitäten der *New Zealand Company* war der englische Diplomat und Jurist John Ward (1805–1890), der 1838 zum Sekretär der Gesellschaft ernannt wurde. Zuvor hatte er einige Monate als Privatsekretär des späteren Lord Durham, einem der Gründer der *New Zealand Association* und *New Zealand Company*, gearbeitet. Ward hatte sich bereits einige Jahre mit der politischen und ökonomisch-industriellen Entwicklung Frankreichs, Belgiens und Deutschlands beschäftigt und verschiedene Artikel über innen- und außenpolitische Themen publiziert.[49] Ab 1839 veröffentlichte er im Auftrag der *New Zealand Company* einige Bücher und Prospekte über die Entwicklung der Kolonie Neuseeland zur Information für zukünftige SiedlerInnen.[50] Ward wurde zu einem zentralen Akteur der Hamburger Kolonisationspläne, als er im Frühjahr 1841 zum britischen Kommissar für die Revision des Stader Elbzolls[51] ernannt wurde, in dieser Funktion nach Hamburg reiste und dort im Mai 1841 mit Karl Sieveking über den Kauf der Chatham-Inseln verhandelte.

46 Nach Wellington folgte die Gründungen von Wanganui (1840), Nelson (1841), New Plymouth (1841), Dunedin (1848) und Canterbury (1850) nach dem Wakefield'schen System. Vgl. King 2003, S. 172.

47 Vgl. Belich 1996, S. 281, 298.

48 Vgl. Allan, Ruth M. (1965), *Nelson: A History of the Early Settlement*, Wellington, S. 309.

49 Vgl. Ward, Adolphus W. (1899), »John Ward«, in: *Dictionary of National Biography*, Bd. 59, London, S. 323, http://en.wikisource.org/wiki/Ward,_John_(1805–1890)_(DNB00), zuletzt aufgerufen am 18.03.2014.

50 Siehe zum Beispiel Ward, John (1839), *Information Relative to New Zealand for the Use of Colonists*, London.

51 Dieser Zoll wurde von Hannover für alle stromaufwärts passierenden Waren bei Stade erhoben und war den umliegenden Staaten sowie der britischen Regierung ein Dorn im Auge. Vgl. »Stader Zoll« (1863), in: *Pierer's Universal-Lexikon*, Bd. 16, S. 657, http://www.zeno.org/Pierer–1857/A/Stader+Zoll, zuletzt aufgerufen am 18.03.2014.

1.2.1. Landerwerb auf den Chatham-Inseln

Das siedlungspolitische Interesse der *New Zealand Company* beschränkte sich nicht nur auf die neuseeländischen Inseln, auch weil die Möglichkeiten des Landerwerbs für die *New Zealand Company* dort durch die Intervention der britischen Regierung ab Februar 1840 stark eingeschränkt wurden. So erreichte Mitte Mai 1840 der Agent der Gesellschaft Richard D. Hanson als Teil einer Expedition, der auch der Gießener Arzt, Naturforscher und Berater der *New Zealand Company* Ernst Dieffenbach angehörte, im Auftrag der *New Zealand Company* die Chatham-Inseln. Grundlage der Aussendung des Expeditionsschiffs *Cuba* dorthin war die Annahme, die Inseln lägen außerhalb des britischen Hoheitsbereichs und seien somit von den Regulationen des *Treaty of Waitangi* ausgenommen.[52]

Während seines vierwöchigen Aufenthalts erwarb Hanson von den um Einfluss konkurrierenden Māoristämmen Nati-Matunga und Nati-Toma für insgesamt 4000 Pfund (von denen er 200 Pfund, teilweise in Form von Waffen, Munition, Kleidung und Alkohol, anzahlte) das Eigentumsrecht auf das Land der Inseln Chatham, Pitt und South-East.[53] Die Rechtmäßigkeit des Kaufs ist nicht nur deshalb fraglich, weil die Māori die Konsequenzen ihrer Unterzeichnung aufgrund ihrer mangelnden Erfahrung mit der britischen Kolonialmacht wohl nicht absehen konnten. Sie hatten sich zudem die Chatham-Inseln selbst erst wenige Jahre zuvor von den dort lebenden Moriori gewaltsam angeeignet. Während Dieffenbach und der Expeditionsteilnehmer Charles Heapy in ihren Berichten auch siedlungstechnische Nachteile der Inseln erwähnten, betonte Hanson in seinen Ausführungen das gemäßigte Klima und berichtete von sicheren Häfen und ausreichenden Holz- und Wasservorkommen. Insgesamt schätzte er die landwirtschaftlich nutzbare Fläche auf 300000 Acre (circa 120000 Hektar) und damit die Hälfte der Gesamtfläche.[54] Er

52 Vgl. Allan 1965, S. 309; Eichbaum 1950, S. 261; Kirchberger, Ulrike (1999), *Aspekte deutsch-britischer Expansion. Die Überseeinteressen der deutschen Migranten in Großbritannien in der Mitte des 19. Jahrhunderts* (= Beiträge zur Kolonial- und Überseegeschichte, Bd. 73), Stuttgart, S. 334.

53 Vgl. Richards 1993, S. 48; H. Sieveking 1896, S. 156. Die Kaufurkunde, heute im Bestand der National Archives New Zealand, unterzeichneten 22 *Rangatira* und verpflichteten sich dadurch, »to grant, bargain and sell the islands to the Company […] on account of the great advantages that may accrue to the natives of the aforesaid islands by the formation of an orderly and peaceful settlement of English people thereon […]«. Zit. nach Richards 1993, S. 46.

54 Vgl. Dieffenbach, Ernst (1841), »An Account of the Chatham Islands«, in: *Journal*

empfahl jedoch auch, die Inseln an landlose AuswanderInnen in Sydney zu veräußern, da es zweifelhaft sei, ob sich britische EmigrantInnen auf dieser unbekannten Inselgruppe niederlassen würden.[55]

Sobald die *New Zealand Company* über Hansons Landerwerb auf den Chatham-Inseln informiert worden war und diesen autorisiert hatte, bemühte sie sich, die Inseln weiterzuverkaufen. Im April 1841 trat sie zu diesem Zweck in Verhandlungen mit dem belgischen König, die jedoch folgenlos blieben.[56]

1.2.2. Frühe Bemühungen zur Anwerbung deutscher SiedlerInnen

Bereits im Gründungsjahr 1839 war in den Gremien der *New Zealand Company* die Entscheidung getroffen worden, auch deutsche AuswanderInnen für die zukünftige Kolonie Neuseeland anzuwerben. Dies geht aus einem Regierungsprotokoll vom 5. Dezember des Jahres hervor, in dem es heißt:

> *It appearing desirable to take Stepps to procure German emigrants, and the Secretary having reported the result of his communications with Mr. A. Bach, who was willing to aid in making known the objects of the Company in Germany, resolved, that advertisements be inserted in the German newspapers, and that Mr. Bach be employed to translate and circulate the pamphlet containing 'Information for Colonists' with a view to a mission to Germany in the spring, if circumstances should be encouraging.*[57]

Demnach sei die Einwanderung deutscher SiedlerInnen wünschenswert und die Direktoren hätten entschieden, mit Unterstützung eines Herrn Bach eine Werbekampagne in deutschen Zeitungen zu initiieren. Eine Ansammlung verschiedener Dokumente zu diesem ersten Versuch der *New Zealand Company*, eine deutsche Auswanderung nach Neuseeland zu organisieren, befindet sich in den National Archives New

of the Royal Geographical Society, Bd. 11, S. 195–215; Hanson, Richard D. MMS., »Letter to the New Zealand Company«, in: *New Zealand Journal*, 24.04.1841, S. 96, 100–101; Richards 1993, S. 46; H. Sieveking 1896, S. 156; Beschreibung der Chatham-Inseln in der *Colonial-Gazette*, 25.11.1840, enthalten in Sievekings Druckschrift »Warrekauri«, StAHH, 622–1/90 Sieveking, E 25, Bd. 1, S. 15–16. Siehe Abb. 1 im Anhang.

55 Vgl. H. Sieveking 1896, S. 156.

56 Vgl. ebd., S. 156; H. Sieveking 1928, S. 500.

57 Protokolle der Regierungs- und Komiteesitzungen der *New Zealand Company*, 05.12.1839, NA, CO 208/180, S. 113.

Zealand in Wellington, CO 208/277, Mikrofilm Nr. 682. Diese enthält, neben Kopien von Werbeanzeigen in deutschen Zeitungen sowie Kirchen- und Gesundheitszeugnissen von Auswanderungswilligen, die Korrespondenz zwischen der *New Zealand Company*, A. Bach und InteressentInnen in verschiedenen deutschen Staaten. Die Sichtung dieser Quellen ergab, dass die Planung des Unternehmens und die Verhandlungen über mögliche Landverkäufe Anfang Januar 1840 begannen, also noch bevor die ersten Schiffe der *New Zealand Company* mit britischen SiedlerInnen die neuseeländischen Inseln erreicht hatten. Am 31. Januar druckte die *Leipziger Allgemeine Zeitung* einen von John Ward verfassten Informationsartikel mit dem Titel »Neu-Seeland-Compagnie in London«, in dem der Autor die bisherigen Erwerbungen der *New Zealand Company* und das Prozedere von Landerwerbung und Auswanderung nach dem Siedlungsmodell Edward G. Wakefields (siehe Kapitel 1.3.) beschreibt.[58] In den folgenden Monaten wandten sich Einzelpersonen, Familien und ganze Teilgemeinden aus den deutschen Gebieten[59] schriftlich an Ward und Bach, um sich für eine Teilnahme an dem Projekt zu bewerben, ihre Motivationen zur Auswanderung darzulegen und Antworten auf offene Fragen zu erbeten.

In einem Brief an den Interessenten Dr. Schmidt im badischen Waldangelloch im Februar 1840 beschrieb Bach die bevorzugte Art von AuswanderInnen für das geplante Unternehmen als verheiratete Paare unter vierzig Jahren, die von möglichst wenigen Kindern unter sieben Jahren begleitet werden, sowie junge unverheiratete Männer und Frauen. Die *New Zealand Company* erwarte von allen BewerberInnen ein offizielles Gutachten, das ihre moralische und friedliche Lebensweise bezeugt, um im Vorfeld eine ideale Auswahl tüchtiger

58 Ward, John, »Neu-Seeland-Compagnie in London«, in: *Leipziger Allgemeine Zeitung*, Nr. 31, 31.01.1840, S. 316, *Papers relating to German Emigrants*, NA, CO 208/277, MF 682, A 2, S. 17. Der Artikel war bereits am 12.01.1840 im *Frankfurter Journal* erschienen und in einem Brief an Ward berichtete Bach im Januar von weiteren geplanten Veröffentlichungen in der *Allgemeinen Zeitung* und im *Schwäbischen Merkur*. Vgl. Bach am 24.01.1841 an Ward, *Papers relating to German Emigrants*, NA, CO 208/277, MF 682, A 39, S. 201–202.

59 Namentlich aus Frankfurt, Dresden, dem Großherzogtum Baden (Mannheim, Waldangelloch), dem Großherzogtum Hessen (Darmstadt, Erbes-Büdesheim, Fürfeld, Bingen am Rhein), der preußischen Rheinprovinz (Argenschwang, Roxheim, Schwarzerden), der preußischen Provinz Sachsen (Merseburg) und dem Königreich Bayern (Kirchheimbolanden, Morschheim, Orbis). Vgl. *Papers relating to German Emigrants*, NA, CO 208/277, MF 682, verschiedene Dokumente.

AuswanderInnen zu ermöglichen.[60] Die Frage, welche Motive die *New Zealand Company* mit der Anwerbung deutscher SiedlerInnen verfolgte, wird Gegenstand von Kapitel 4.1. sein.

Am 24. Mai 1840 erklärte Bach in einem Schreiben an Ward, er nehme das Angebot der *New Zealand Company* an, als ihr Agent in die deutschen Gebiete zu reisen, um vor Ort die geplante deutsche Emigration zu organisieren und Unteragenten zu ernennen. Da ihn Termine in London zwischen Juli und September am Reisen hinderten, wolle er bereits am 4. Juni aufbrechen und Ende des Monats nach England zurückkehren.[61] Aus den Quellen ist nicht ersichtlich, ob Bach die Reise tatsächlich antrat. Der Brief eines Herrn Ehrmann aus Mannheim, datiert auf den 18. Juli 1840, deutet jedoch darauf hin, dass dieser von Bach als Unteragent ernannt worden war und bereits damit begonnen hatte, im Raum Mannheim Auswanderungswillige für das Projekt der *New Zealand Company* zu gewinnen.[62]

In den Quellenbeständen der National Archives New Zealand findet sich kein Hinweis darauf, ob und wenn ja, wie die Planung dieses Vorhabens nach Juli 1840 fortgeführt wurde und in welcher Beziehung dieser erste, von der *New Zealand Company* initiierte Versuch einer deutschen Emigration nach Neuseeland mit Sievekings Kolonisationsplänen für die Chatham-Inseln stand. Die Zusammenhänge zwischen den beiden Vorhaben wurden auch in der Sekundärliteratur nur ungenügend interpretiert. So schreibt Harrop beispielsweise nur, Ende des Jahres 1840 habe sich die *New Zealand Company* einem neuen Projekt zugewendet, nachdem sie den Bericht Hansons über die Chatham-Inseln erhalten hätte.[63] Eichbaum wagt sich zwar an eine Deutung, kann diese jedoch nicht belegen: Sie geht davon aus, dass die *New Zealand Company* entweder von Anfang an daran dachte, diese frühe Gruppe deutscher AuswanderInnen auf den Chatham-Inseln anzusiedeln, oder auf dieses Zielgebiet auswich, als der Landerwerb in Neuseeland durch die Krone im Februar 1840 reglementiert worden war. Dass Dieffenbach diese Pläne in seinem Bericht über die Chatham-Inseln nicht erwähnte, sieht Eichbaum nicht als Gegenbeweis an, sondern sie äußert

[60] Vgl. Bach am 17.02.1840 an Rev. Dr. Charles Lewis Schmidt, *Papers relating to German Emigrants*, NA, CO 208/277, MF 682, A 7, S. 40.

[61] Vgl. Bach am 24.05.1840 an Ward, *Papers relating to German Emigrants*, NA, CO 208/277, MF 682, A 39, S. 172–174.

[62] Vgl. Ehrmann am 18.07.1840 an Ward, *Papers relating to German Emigrants*, NA, CO 208/277, MF 682, A 40, S. 2–3.

[63] Vgl. Harrop 1926, S. 75.

die Vermutung, dass dieser von der Idee schlichtweg nichts gewusst haben könnte.[64] Alle anderen AutorInnen erwähnen das Projekt im Kontext der Chatham-Pläne überhaupt nicht.

Die Planung der ersten deutschen Emigration korrelierte zeitlich mit der Ankunft William Hobsons in Neuseeland im Januar 1840, dem Abschluss des *Treaty of Waitangi* im Februar und der Etablierung britischer Souveränität über die Inseln sowie der Ankunft der ersten *New Zealand Company*-Expedition auf den Chatham-Inseln im Mai. Es wäre somit möglich, dass die Direktoren der *New Zealand Company* bei der Entscheidung, Land auf den Chatham-Inseln zu erwerben, die dortige Ansiedlung der von Bach angeworbenen deutschen AuswanderInnen im Sinn hatten. Aufgrund der lückenhaften Quellenlage bleibt diese Annahme jedoch eine nicht belegbare Vermutung. Und selbst wenn sie zuträfe, wäre es – aufgrund des zeitlichen Abstands beider Projekte von mehr als einem Jahr – unwahrscheinlich, dass es sich bei den an diesem Vorhaben interessierten Menschen um dieselbe Gruppe handelte, die sich später für eine Auswanderung in Sievekings Antipodenkolonie bewarb.

1.3. Die Kolonisationstheorie Edward G. Wakefields

Der ideologische Kopf und die treibende Kraft der Kolonisationsbemühungen der *New Zealand Company* war der Engländer Edward G. Wakefield, dessen siedlungspolitischen Theorien bereits in der Gründung von South Australia 1836 Anwendung gefunden hatten. Er gilt als Gründer der *New Zealand Association* und wurde zum Direktor der *New Zealand Company*, musste sich jedoch aufgrund persönlicher krimineller Verstrickungen im Hintergrund halten.[65] Während einer dreijährigen Haftstrafe formulierte Wakefield in *A Letter From Sydney*[66] 1826 seine im Folgenden näher erläuterte systematische Theorie der Kolonisierung, die als theoretisches Fundament sowohl den Siedlungen der *New Zealand Company* als auch der geplanten deutschen Kolonie auf den Chatham-Inseln zugrunde lag.[67]

Wakefield war überzeugt, dass es möglich ist, die Quellen der Zivi-

64 Vgl. Eichbaum 1950, S. 261; Berry beruft sich auf Eichbaum und unterstützt ihre Vermutungen, vgl. Berry 1964, S. 13.

65 Vgl. Brooking 2004, S. 43; King 2003, S. 171; Love 1997, S. 4–5; Sinclair 2000, S. 62–63.

66 Wakefield, Edward G. (1829), *A Letter From Sydney. The Principal Town of Australasia*, London.

67 Vgl. King 2003, S. 171; Love 1997, S. 3–4; Sinclair 2000, S. 62.

lisation durch systematische Untersuchung zu identifizieren und folglich durch rationale Planung neue Zivilisationen zu schaffen.[68] Seine Vision einer aufgeklärten Gesellschaft nach dem Modell Großbritanniens, jedoch befreit von grundlegenden sozioökonomischen Problemen, wollte er durch den Export überschüssigen Kapitals und die Auswanderung einer ausgeglichenen Anzahl von Männern und Frauen aus dem ländlichen Großbritannien erreichen. Zudem glaubte er, so das Mutterland vor ökonomischer Stagnation und drohenden sozialen Aufständen schützen zu können.[69]

Zwar galt Wakefield als radikaler Reformer, der die britische Kolonialpolitik in eine neue Richtung lenkte; sein zentrales Ziel der Erhaltung in Großbritannien existierender sozialer und ökonomischer Strukturen war allerdings konservativ geprägt.[70] Wakefield wollte Angehörige aller Schichten[71] zur Auswanderung motivieren, um das soziale Gleichgewicht in der Kolonie zu sichern und eine dynamische und mobile Gemeinschaft zu schaffen, ein besseres und größeres Großbritannien in der südlichen Hemisphäre.[72] Die Wakefield'sche Vision hatte ihre Wurzeln in der klassischen Politikökonomie und wurde stark von den Ideen Adam Smiths beeinflusst.[73] Nach Olssen verkörperte Wakefield durch die Betonung der Verschmelzung von Mensch und Natur und soziokultureller Evolution als Basis für gesellschaftliche Optimierung zentrale Ansichten der späten Aufklärung.[74] Wakefields Pläne bildeten ein bewusstes Gegenmodell zu den seiner Ansicht nach von zivili-

68 Vgl. Brooking 2004, S. 45; Olssen, Erik (1997), »Wakefield and the Scottish Enlightenment, with Particular Reference to Adam Smith and His Wealth of Nations«, in: The Friends of the Turnbull Library (Hg.), *Edward Gibbon Wakefield and the Colonial Dream: A Reconsideration*, Wellington, S. 47.

69 Vgl. Brooking 2004, S. 44; Olssen 1997, S. 47–48, 52; Sinclair 2000, S. 59.

70 Vgl. Martin, John E. (1997), »A ›Small Nation on the Move‹: Wakefield's Theory of Colonisation and the Relationship Between State and Labour in the Mid-Nineteenth Century«, in: The Friends of the Turnbull Library (Hg.), *Edward Gibbon Wakefield and the Colonial Dream: A Reconsideration*, Wellington, S. 108; Sinclair 2000, S. 62.

71 Nur Angehörige der verarmten untersten Schicht, wie BettlerInnen oder Sträflinge und SklavInnen waren als SiedlerInnen unerwünscht. Vgl. Belich 1996, S. 308; Martin 1997, S. 110; Sinclair 2000, S. 62.

72 Vgl. Belich 1996, S. 302–303; Martin 1997, S. 108, 110; Sinclair 2000, S. 62.

73 So übernahm Wakefield seine Definition von *Zivilisation* aus Smiths *Wealth of Nations* (1776) und betonte die Notwendigkeit von Arbeitsteilung und fehlenden Monopolen als Grundlage von Wachstum und Reichtum freier Gesellschaften. Vgl. Olssen 1997, S. 47–49.

74 Vgl. ebd., S. 47.

satorischem Zerfall als Folge von chronischem Mangel an Arbeit und Kapital geprägten Gesellschaften in unsystematisch besiedelten Kolonien wie Amerika und Teilen Australiens.[75] Dort hätte sich ein »New People« gebildet, jene Menschen, die »though they continually increase in number, make no progress in the art of living; [...] in two words, a people who become rotten before they are ripe.«[76]

Der zentrale Mechanismus zur Vermeidung einer ähnlichen Entwicklung in der von ihm geplanten Kolonie war der Erwerb von Land.[77] Wakefield war überzeugt, dass der Preis von Land hoch genug sein müsse, um den sofortigen Aufstieg von ArbeiterInnen zu LandbesitzerInnen zu verhindern, aber niedrig genug, um wohlhabende SiedlerInnen zur Investition von Kapital zu motivieren, was wiederum hohe Löhne sichern würde. Auf der Basis dieser Theorie plante er deshalb, je nach den Verhältnissen in den einzelnen Siedlungen, einen »sufficient price« festzusetzen, um ein ausgeglichenes Verhältnis von Land, Arbeit und Kapital zu schaffen.[78] Angelockt werden sollten vor allem »those who hoped to rise and those who feared to fall«[79]: hart arbeitende VertreterInnen der unteren Schichten, die im Mutterland durch niedrige Löhne am Aufstieg gehindert wurden, und Mitglieder der wohlhabenden Mittelklasse, die aufgrund von hohem Konkurrenzdruck und Mangel an Land ihren gesellschaftlichen Status gefährdet sahen.[80] Die Festsetzung eines »sufficient price« sollte den ArbeiterInnen den sozialen Aufstieg nicht dauerhaft verwehren, sondern ihn nur so lange hinauszögern, bis sie genügend Kapital angehäuft hätten, um selbst Land zu kaufen und nachkommende ArbeiterInnen zu beschäftigen.[81] Dadurch wollte Wakefield nach Martin einen dynamischen Siedlungsprozess in Gang setzen, »based upon a flow of migration that would underpin the social and economic mobility of the labouring classes and was fueled by superior wages, with a continual movement of labourers onto the land.«[82]

[75] Vgl. Brooking 2004, S. 44; Martin 1997, S. 110; Olssen 1997, S. 52; Wakefield 1829, S. 146ff.

[76] Wakefield 1829, S. 148–149, siehe auch Brooking 2004, S. 44.

[77] Vgl. Smith 2005, S. 54; Wakefield, Edward G. (1849), *A view of the Art of Colonization, With Present Reference to the British Empire. In Letters Between a Statesman and a Colonist*, London, S. 338ff.

[78] Vgl. Brooking 2004, S. 44; Love 1997, S. 4; Martin 1997, S. 110–111; Smith 2005, S. 55; Wakefield 1849, S. 346ff.

[79] Belich 1996, S. 308.

[80] Vgl. Brooking 2004, S. 45; Martin 1997, S. 110; Sinclair 2000, S. 60.

[81] Vgl. Belich 1996, S. 308; King 2003, S. 172; Martin 1997, S. 109ff.; Sinclair 2000, S. 62.

[82] Martin 1997, S. 111.

Die Erlöse aus dem Verkauf von Land sollten einerseits die Kosten der Administration decken und andererseits in einen Fond fließen, um die Überfahrten nachfolgender AuswanderInnen zu finanzieren, »so that there would be a self-regulating relationship between land sales and immigration«.[83]

Wakefields Vision einer vorindustriellen, geordneten und zivilisierten Kolonialgesellschaft wurde von zeitgenössischen Politikökonomen wie Karl Marx ernst genommen, da sie den Kern der Zeit traf.[84] Keine der Ansiedlungen der *New Zealand Company* konnte jedoch in der Praxis dem Ideal Wakefields gerecht werden, da ihre BewohnerInnen mit ungenügender Qualität der Landstücke und ständigen Konflikten mit lokalen Māoristämmen konfrontiert waren und das Verhältnis von Land, Arbeit und Kapital aus dem Gleichgewicht geriet.[85] So haben viele HistorikerInnen, wie beispielsweise Michael Turnbull, John Miller und Patricia Burns, vor allem die Absurdität seiner Thesen vor dem Hintergrund der vielfältigen Probleme der Umsetzung in den wissenschaftlichen Fokus gerückt.[86] Eine solche Beschränkung der Ideen Wakefields auf ihr praktisches Scheitern verschleiert allerdings sowohl ihren prägenden Einfluss auf die neuseeländische Kolonialgeschichte, als auch ihren intellektuellen und politischen Kontext, in dem Wakefield als einflussreicher Theoretiker eines kapitalistischen Imperialismus agierte. Dass die Wakefield'sche Kolonisationstheorie auch über nationale Grenzen hinweg Einfluss hatte, zeigt die vorliegende Publikation anhand des nach seinen Ideen geplanten Hamburger Kolonisationsvorhabens.

[83] Sinclair 2000, S. 61; vgl. Love 1997, S. 4; Martin 1997, S. 110; Smith 2005, S. 55.
[84] Vgl. Brooking 2004, S. 45.
[85] Vgl. Belich 1996, S. 308; King 2003, S. 172; Smith 2005, S. 59.
[86] Vgl. Martin 1997, S. 107; Olssen 1997, S. 62.

2. Die Hansestadt Hamburg: Politisch-ökonomische Voraussetzungen

2.1. Das Bürgertum und die politische Kultur in der Hansestadt

Als Resultat eines zunehmenden Bedeutungsverlusts waren die handelspolitischen Aktivitäten der Hanse Mitte des 17. Jahrhunderts zum Erliegen gekommen. Die enge Verbindung der Hansestädte Hamburg, Bremen und Lübeck blieb jedoch bestehen und beeinflusste vor Ort die Herausbildung spezifischer politischer und ökonomischer Traditionen. Primär den Bedürfnissen des Fern- und Überseehandels folgend, vertraten die souveränen Stadtrepubliken eine konsequente Neutralitätspolitik und einen die Interessen des Wirtschaftsbürgertums schützenden ökonomischen Liberalismus.[87]

Zwar wurde die 1806 gemeinsam formulierte Forderung nach ständiger politischer Selbständigkeit durch den Einmarsch Napoleons und die »Franzosenzeit« bis 1814 außer Kraft gesetzt; aus den Verhandlungen des Wiener Kongresses gingen Hamburg, Bremen und Lübeck jedoch als politisch selbständige Stadtstaaten und gleichberechtigte Mitglieder des Deutschen Bundes hervor.[88] Schulz sieht in der daraus resultierenden Fähigkeit, »in den inneren Angelegenheiten eigenverantwortliche Regelungskompetenzen zu beanspruchen« das »stolze Bürgerbewußtsein der Hansestädter«[89] begründet.

Der Begriff des hanseatischen Bürgertums zur Bezeichnung der wirtschaftlichen und politischen Oberschichten der modernen Hansestädte kam nach Schulz Ende des 18. Jahrhunderts auf.[90] Geprägt von zahlreichen Klischees entstand in zeitgenössischen Quellen das Bild einer materialistischen, kaufmännischen und »weltmännisch-

[87] Vgl. Postel, Rainer (1985), »Hanseaten. Zur politischen Kultur Hamburgs, Bremens und Lübecks«, in: Wehling, Hans-Georg (Red.), *Regionale politische Kultur*, Stuttgart, S. 15–16, 18; Schulz, Andreas (1994), »Weltbürger und Geldaristokraten. Hanseatisches Bürgertum im 19. Jahrhundert«, in: *Historische Zeitschrift*, Bd. 259, H. 3, S. 641; Wegner, Matthias (2008), *Hanseaten. Von stolzen Bürgern und schönen Legenden*, München, S. 31.

[88] Vgl. Aaslestad, Katherine (2005), »Remembering and Forgetting: The Local and the Nation in Hamburg's Commemorations of the Wars of Liberation«, in: *Central European History*, Bd. 38, H. 1, S. 394; Postel 1985, S. 16; Schulz 1994, S. 643.

[89] Ebd., S. 643.

[90] Vgl. ebd., S. 642.

distinguierten«[91] Bürgerkultur, die Ahasvar von Brandt als »hanseatische Spielart des deutschen Bürgertums«[92] bezeichnete. Zentrales Zugehörigkeitskriterium war seit dem Mittelalter das Bürgerrecht, das seinen Trägern Landbesitz im Stadtgebiet, eine Betätigung als Kaufmann oder Mitglied einer Zunft sowie politisches Mitspracherecht ermöglichte. Nur ein Bruchteil der in der Zeit des Vormärz in den Hansestädten wohnenden Menschen besaß das große Bürgerrecht (nach Schulz in Hamburg etwa 3000 bis 4000 von 130000 Menschen), das auf männliche und innerhalb der Stadtmauern lebende Bewohner beschränkt war und gegen eine hohe Gebühr erworben werden musste.[93]

Politische Entscheidungen wurden im Spannungsverhältnis zwischen dem autoritären Rat, dessen wohlhabende Mitglieder über die Privilegien der Lebenslänglichkeit und der Selbstergänzung verfügten, und der Bürgerschaft getroffen.[94] Der Rat (in Hamburg ab 1860 Senat genannt) vereinte Regierung, städtische Gerichtsbarkeit, Verwaltung und oberste Kirchenautorität in sich. Er wählte aus seiner Mitte den Bürgermeister und ernannte seit dem 16. Jahrhundert Rats- bzw. Senatssyndici, die als juristische Berater und auswärtige Gesandte des Rats fungierten und protokollarisch noch über den Senatoren standen. Die Bürgerschaft war in Hamburg in sogenannten Bürgerversammlungen organisiert, in denen eine kleine Gruppe einflussreicher Juristen und Kaufleute zusammenkam, die »eine soziale Hierarchie der einzelnen Berufsstände«[95] repräsentierten.[96] Ein Rezess von 1410 hatte durch die erstmalige Aufnahme von Kaufleuten und anderen Bürgern in den Rat eine spezifisch hamburgische Verfassungstradition begründet, die aufgrund ihrer Exklusivität der politischen Mitsprache bis ins 19. Jahrhundert einen konservativ-republikanischen Charakter behielt.[97] So stammten die Mitglieder des Rats fast ausschließlich aus der kaufmännischen Oberschicht und waren oft weiterhin als Kaufleute tätig. Politische Aktivität, wirtschaftlicher Erfolg und sozialer Status waren dadurch in Hamburg eng miteinander verzahnt und beeinflussten sich

[91] Ebd., S. 638; vgl. Postel 1985, S. 17.

[92] Brandt, Ahasver (1951), »Hamburg und Lübeck. Beiträge zu einer vergleichenden Geschichtsbetrachtung«, in: *Zeitschrift des Vereins für Hamburgische Geschichte*, Bd. 41, S. 47, zit. nach Schulz 1994, S. 639.

[93] Vgl. Schulz 1994, S. 645; Wegner 2008, S. 34.

[94] Vgl. Postel 1985, S. 19ff.

[95] Schulz 1994, S. 646.

[96] Vgl. Postel 1985, S. 18–19, 24; Schulz 1994, S. 645–646.

[97] Vgl. Postel 1985, S. 20ff.; Schulz 1994, S. 647.

gegenseitig, so dass politische und ökonomische Interessen oft nicht voneinander zu trennen waren.[98] Neben ihrem direkten Einfluss im Rat als Mitglieder einer »Oligarchie der kaufmännischen Oberschicht«[99] steuerten die Hamburger Kaufleute die Politik der Hansestadt auch weniger direkt durch Institutionen wie die Kommerzdeputation, die Hamburger Börse und die Hamburger Bank.[100] So war Weber zufolge mit der Etablierung der Kommerzdeputation 1674 »ein neues, auf rationale, kapitalistische Interessen gegründetes Element in die hamburgische Politik«[101] gekommen.

Karl Sieveking und die Unterstützer seiner *Deutschen Colonisationsgesellschaft* waren ohne Ausnahme Mitglieder der hier vorgestellten politisch-kaufmännischen Elite Hamburgs. Aus hanseatischen Traditionsfamilien stammend oder in erfolgreichen hanseatischen Unternehmen tätig, übten sie starken Einfluss auf das politische und gesellschaftliche Leben der Hansestadt aus. So wurzelte die Vorstellung einer deutschen Kolonialpolitik unter Hamburger Führung, die dem Chatham-Vorhaben zugrunde lag, in der Überzeugung der großen politischen und ökonomischen Bedeutung der Hansestädte im Deutschen Bund. Nicht zuletzt basierte dieses hanseatische Selbstbewusstsein auf der im Folgenden dargestellten zunehmenden Involvierung hanseatischer Kaufleute im Welthandel, durch die, so die Überzeugung in Hamburg, Bremen und Lübeck, alle deutschen Staaten ökonomisch und diplomatisch profitierten.[102]

Im folgenden Kapitel werden der Beginn und die Entwicklung des Engagements Hamburger Kaufleute in internationalen Handelsnetzwerken untersucht. Es soll verdeutlichen werden, welche Handelsinteressen und -traditionen die Kaufmannschaft der Hansestadt bis zur Mitte des 19. Jahrhunderts entwickelt hatte, um den sozioökonomischen Rahmen des Sieveking'schen Projekts zu skizzieren. Dabei wird der Fokus auf den strukturellen Aspekten der Handelsbeziehungen und weniger auf den spezifischen Handelswaren liegen.

[98] Vgl. Postel 1985, S. 19, 31; Schulz 1994, S. 647.

[99] Postel 1985, S. 21.

[100] Vgl. ebd., S. 25, 31.

[101] Weber, Klaus (2004), *Deutsche Kaufleute im Atlantikhandel 1680–1830. Unternehmen und Familien in Hamburg, Cádiz und Bordeaux* (= Schriftenreihe zur Zeitschrift für Unternehmensgeschichte, Bd.12), München, S. 227.

[102] Vgl. Schulz 1994, S. 643.

2.2. Welthandelsbestrebungen Hamburger Kaufleute

Der Definition Wiegand Ritters folgend, liegt dem Begriff *Welthandel* hier ein Verständnis des Wortes *Welt* zugrunde, das als geographisch-ökonomisches Konstrukt die *Welt der Kaufleute* bezeichnet. Diese umfasst nur jene Orte, die den Kaufleuten bekannt, die von ihnen erreichbar und die aus ihrer Sicht handelspolitisch von Interesse sind. Dementsprechend sind mit dem Begriff *Welthandel* im Folgenden internationale Netzwerke zwischen Handelspartnern gemeint, die nicht territorial und personell fassbar, sondern höchst wandelbar in Form und Zusammensetzung der Akteure sind.[103]

In der Hafenstadt Hamburg kam es, da kaum große Industriebetriebe hier ihren Sitz hatten und sich der produzierende Sektor fast vollständig auf kleine handwerkliche und gewerbliche Familienbetriebe beschränkte, bis in die zweite Hälfte des 19. Jahrhunderts zu keiner nennenswerten Industrialisierung.[104] Stattdessen basierte die hamburgische Wirtschaft auf weiträumigen Verkehrs- und Handelsbeziehungen, die sich seit dem späten 16. Jahrhundert auch in überseeische[105] Bereiche auszudehnen begannen. Nach Weber wurde diese Wirtschaftsentwicklung zum einen durch die Neutralitätspolitik der Hansestadt, zum anderen durch ihren geographischen Standort begünstigt: »Ihre Lage an einem Randmeer des Atlantik und an der Mündung eines der größten Stromgebiete Europas sicherte ihr die Rolle eines Umschlagplatzes der neu aufkommenden Kolonialwaren für ein riesiges [...] Hinterland.«[106]

Eine entscheidende Voraussetzung für die Entwicklung des hamburgischen Fern- und Überseehandels war die Aufnahme englischer Kauf-

[103] Vgl. Ritter, Wiegand (1994), *Welthandel, Geographische Strukturen und Umbrüche im internationalen Warenaustausch* (= Erträge der Forschung, Bd. 284), Darmstadt, S. 5ff.

[104] Vgl. Ahrens, Gerhard (1982), »Von der Franzosenzeit bis zur Verabschiedung der neuen Verfassung 1806–1860«, in: Hans-Dieter Loose; Werner Jochmann (Hg.), *Hamburg, Geschichte der Stadt und ihrer Bewohner. Von den Anfängen bis zur Reichsgründung*, Bd. 1, Hamburg, S. 450–451; Schulz 1994, S. 641.

[105] Unter dem 1899 erstmals in einem deutschen Wörterbuch genannten aber wahrscheinlich schon früher gebräuchlichen Begriff *Übersee* werden hier nach Moltmann jene Länder, Regionen und Kontinente verstanden, die geographisch durch Wasser von Europa getrennt und nur durch eine Seereise zu erreichen waren. Vgl. Moltmann, Günter (1989), »Hamburgs Öffnung nach Übersee im späten 18. und 19. Jahrhundert«, in: Arno Herzig (Hg.), *Das alte Hamburg (1500–1848/49). Vergleiche, Beziehungen* (= Hamburger Beiträge zur Öffentlichen Wissenschaft, Bd. 5), Berlin, S. 51.

[106] Weber 2004, S. 225.

leute (so genannte *merchant adventurers*), niederländischer Flüchtlinge und portugiesischer Juden im 16. Jahrhundert. Sie prägten den kaufmännischen Charakter Hamburgs und förderten die Prosperität der Hansestadt durch die Öffnung neuer innereuropäischer Handelsmöglichkeiten.[107] Nach Coppius war zudem durch den Austausch mit niederländischen und britischen Händlern in Hamburg der Wunsch entstanden, wie sie »über den Ozean zu gehen und mit der neuen Welt Handelsbeziehungen anzuknüpfen.«[108]

Seit der zunehmenden Infragestellung des iberischen Monopols über koloniale Territorien ab dem frühen 17. Jahrhundert gründeten verschiedene europäische Mächte überseeische Handelsstützpunkte und Dependenzen. Sie leiteten damit eine zweite Phase kolonialer Expansion ein, die geprägt war von starker Konkurrenz um politische Einflussbereiche und Handelsmonopole, die nach dem Grundsatz »No peace beyond the line« oft in Kolonialkriege mündete.[109] Aus der merkantilistischen Definition von Kolonien als ergänzende Rohstoffquellen des Mutterlands resultierte die bis ins 18. Jahrhundert vorherrschende Überzeugung, dass der Handel vor Ort den jeweiligen Kolonialmächten vorbehalten sei. Zur Sicherung ihrer Vorherrschaft hatten diese Handels- und Navigationsgesetze implementiert, welche die überseeischen Handelsmöglichkeiten der Hamburger Kaufleute im 17. Jahrhundert auf Einzelfälle beschränkten.[110]

Erst ab Mitte des 18. Jahrhunderts begünstigten zwei Entwicklungen die Ausweitung hamburgischer Handelsfelder: Zum einen lockerten einige Kolonialmächte ihre strikten Beschränkungen und senkten die Einfuhrzölle für ihre Kolonialwaren, wodurch Hamburg seine Funktion als wichtiger europäischer Umschlagplatz weiter ausbauen konnte.[111] Zum anderen eröffnete die Unabhängigkeit, welche die Vereinigten Staaten 1776 erlangten, den uneingeschränkten transatlanti-

[107] Vgl. Coppius 1905, S. 12; Postel 1985, S. 23; Weber 2004, S. 227. So wurde Hamburg in dieser Zeit zum Beispiel zum Umschlagplatz für britische Wollwaren, die von dort aus in viele europäische Staaten gelangten. Vgl. Coppius 1905, S. 13.

[108] Ebd., S. 16.

[109] Vgl. Moltmann 1989, S. 55–56.

[110] Vgl. Coppius 1905, S. 10, 22; Moltmann 1989, S. 56. Wo möglich, betätigten sich Hamburger Reedereien und Privatleute jedoch eifrig, wie in Brasilien im späten 16. und frühen 17. Jahrhundert, in Teilen Nordafrikas ab 1605, auf den Azoren, den Kanarischen Inseln und Madeira 1609–1647 und ab Mitte des 17. Jahrhunderts auch in West- und Ostindien. Vgl. Coppius 1905, S. 10, 17–18.

[111] Wie Frankreich in einem Vertag mit Hamburg 1769. Vgl. ebd., S. 24; Moltmann 1989, S. 63.

schen Handel für europäische Firmen und Privatpersonen.[112] Einen ersten Höhepunkt erreichte der Hamburger Nordamerikahandel mit 45 Schiffen pro Jahr 1798–1799, kam jedoch als Folge der britischen Blockade der Elbe, der Kontinentalsperre und der französischen Okkupation 1806 bis 1814 fast gänzlich zum Erliegen.[113]

Eine ähnliche Entwicklung ist auch bei den Handelsbeziehungen Hamburgs mit Mittelamerika und Westindien zu erkennen, die um 1790 ihren Anfang nahmen und nach einem ersten Boom in napoleonischer Zeit vollständig unterbrochen wurden.[114] Der Kampf der europäischen Kolonialmächte um Profite in Westindien hatte Hamburger Kaufleuten schon früh einige Türen zum Handeln geöffnet, wie auf der von Dänemark beherrschten Insel St. Thomas, die für Schiffe aller Nationen seit 1767 als Freihafen offen stand und zum Umschlagplatz für Waren in den und aus dem ganzen Karibikraum wurde.[115]

Zeitgleich zur Erholung und anschließenden Intensivierung der Beziehungen mit Nord- und Mittelamerika und der Karibik nach der Franzosenzeit öffneten sich auch in Südamerika sowie in Ost- und Südostasien für Hamburger Kaufleute neue Betätigungsmöglichkeiten. In Lateinamerika beobachteten sie die Emanzipationsbestrebungen der einzelnen Länder in der Hoffnung auf hohe Profite mit größter Aufmerksamkeit und knüpften mit vielen Staaten nach der erlangten Unabhängigkeit ab den 1820er Jahren Handelsbeziehungen und -verträge.[116] In der östlichen Hemisphäre waren zwar einzelne Freihäfen wie Tranquebar, Batavia und Singapur schon vor 1820 von Hamburger Schiffen angelaufen worden, erst die Lockerung britischer Handelsgesetze ab 1821 sowie die erzwungene Öffnung Chinas und die Abtretung Hongkongs in den 1840er Jahren machten jedoch regelmäßige Handelsbeziehungen

112 Vgl. Moltmann 1989, S. 56; Schramm, Percy E. (1952), *Hamburg, Deutschland und die Welt. Leistung und Grenzen hanseatischen Bürgertums in der Zeit zwischen Napoleon I. und Bismarck*, 2., überarb. Aufl., Hamburg, S. 25.

113 Vgl. Coppius 1905, S. 31–32; Moltmann 1989, S. 52, 57.

114 Vgl. ebd., S. 53.

115 Vgl. ebd., S. 57; Vogt, Annette C. (2003), *Ein Hamburger Beitrag zur Entwicklung des Welthandels im 19. Jahrhundert. Die Kaufmannsreederei Wappäus im internationalen Handel Venezuelas und der dänischen sowie niederländischen Antillen* (= Beiträge zur Unternehmensgeschichte, Bd. 17), Stuttgart, S. 61ff. Direkt vor dem Einmarsch Napoleons exportierte Hamburg vor allem Leinen, Getreide, Leder, Flachs, Metalle, Wollstoffe und Holzwaren und importierte Zucker, Kaffee, Baumwolle, Tauwerk, Tabak, Indigo, Alkohol, Reis, Gewürze und Tee. Vgl. Wegner 2008, S. 130.

116 Vgl. Ahrens 1982, S. 444–445; Coppius 1905, S. 38; Moltmann 1989, S. 52–53, 57–58.

nach Asien möglich.[117] Ab 1833 hatten einzelne Hamburger begonnen, an der afrikanischen West- und Südküste Waffen und Munition gegen Palmöl, Elfenbein und kleine Mengen Gold zu tauschen. Aufgrund des britischen Handelsmonopols hatte die Region aus deutscher Sicht jedoch bis in die zweite Jahrhunderthälfte nur eine marginale Bedeutung.[118] In dieser Zeit rückten schließlich auch die Südsee und die ozeanischen Gebiete ins Blickfeld der Hanseaten, die sich dort durch den Handel mit Wal- und Palmöl, Perlmutt und Sisal Profite versprachen.[119]

Zusammenfassend lässt sich erkennen, dass die Hamburger Kaufmannschaft die Entwicklung internationaler Handelszusammenhänge mit großem Interesse verfolgte und die sich ihr bietenden Möglichkeiten für ein überseeisches Engagement spätestens seit Beginn des 17. Jahrhunderts konsequent zu nutzen versuchte. Nach Ahrens begannen sie dann Anfang des 19. Jahrhunderts mit »Unternehmungslust und Wagemut, mit Aufgeschlossenheit und Anpassungsfähigkeit [...], die Hansestadt zu einem Zentrum des sich in den nächsten zwei, drei Jahrzehnten entfaltenden Welthandels zu machen.«[120]

Um seine Handelsinteressen und die Sicherheit der eigenen Schiffe vor Ort zu schützen, eröffnete Hamburg ab 1827, meist gemeinsam mit Bremen und Lübeck, Konsulate in vielen überseeischen Gebieten.[121] Ein ebenso wichtiges Instrument hanseatischen Handels waren Verträge zur Absicherung der gegenseitigen Gleichstellung und Meistbegünstigung der Handelspartner.[122]

Nach Moltmann hatte die Öffnung Hamburgs für den Welthandel drei wichtige Folgen: Erstens war Hamburg durch die Einbindung von Handel und Schifffahrt in die Weltwirtschaft, die Modernisierung des Hafens und den Ausbau des Fahrgastverkehrs im Rahmen organisierter Auswanderung zu einer Stadt mit internationaler Bedeutung ge-

117 Vgl. ebd., S. 59. Bis 1848 hatten in Ostindien und China 64 deutsche Firmen Niederlassungen gegründet, die vor allem mit Reis, Tee, Hanf und Gewürzen handelten. 37 von ihnen hatten ihren Hauptsitz in den Hansestädten. Vgl. Ahrens 1982, S. 445.

118 Vgl. Coppius 1905, S. 39.

119 Vgl. Moltmann 1989, S. 60.

120 Ahrens 1982, S. 444.

121 Bis 1846 war ihre Zahl auf weltweit 162 angestiegen. Vgl. ebd., S. 446. Zu den Eröffnungsdaten der überseeischen hanseatischen Konsulate siehe ebd., S. 445; Moltmann 1989, S. 60.

122 Zwischen 1827 und 1861 schlossen die Hansestädte mit 14 überseeischen Staaten solche Verträge ab, zum Beispiel mit Brasilien (1827), den USA (1827), Mexiko (1882) und Venezuela (1837). Vgl. Ahrens 1982, S. 446; Moltmann 1989, S. 62; Wegner 2008, S. 137–138.

worden. Zweitens hatte die überseeische Orientierung der Kaufleute den Ausbau von Infrastruktur und Gewerbe, Veränderungen auf dem Arbeitsmarkt und demographischen Wandel angestoßen und Hamburg dadurch in eine Großstadt transformiert. Drittens waren die gefühlten Grenzen der Stadt verschoben und der Interessens- und Denkhorizont der Hamburger nach Übersee erweitert worden, das nun sowohl als »Lebens- und Bewegungsraum«, als auch als »Herrschafts- und Ausbeutungsraum« denkbar war. [123]

Mit Beginn der wirtschaftlichen Blütezeit nach Napoleon hegten die autonom agierenden Hamburger Handelshäuser, die sich durch die Gründung von Handelsniederlassungen in der ganzen Welt als engagierte und geschäftige Handelspartner bereits international einen Namen gemacht hatten, vermehrt auch kolonialpolitische Ambitionen (wie der dritte Aspekt Moltmanns andeutet). In Teilen der Hamburger Kaufmannschaft war der selbstbewusste Wunsch entstanden, eigenen überseeischen Besitz zu erlangen, um eine Konzentration ihrer Geschäfte vor Ort ohne beschränkende Gesetze anderer Kolonialmächte ermöglichen zu können.[124]

Das folgende Kapitel wird die weiteren politischen und intellektuellen Rahmenbedingungen des Chatham-Projekts beleuchten. Zu diesem Zweck werden die wichtigsten Argumente der im frühen 19. Jahrhundert in liberalen Kreisen vieler deutscher Staaten einsetzenden Debatte über die Folgen von Massenauswanderung[125] und die damit eng verknüpfte Entwicklung einer frühen deutschen Kolonialdiskussion bis zum Beginn der 1840er Jahre skizziert.

2.3. Die Auswanderungsfrage und der frühe deutsche Kolonialdiskurs

Im Kontext der nach 1815 in Abgrenzung zu monarchistischen und absolutistischen Strömungen in den deutschen Staaten erstarkenden liberal-nationalen Bewegung geriet das Phänomen der Auswanderung mit

[123] Vgl. Moltmann 1989, S. 66ff.

[124] Vgl. Coppius 1905, S. 35–36.

[125] Auf eine Untersuchung der möglichen Gründe für Auswanderung wird im Rahmen dieses Buches verzichtet, siehe dazu zum Beispiel Bade, Klaus J. (Hg.) (1992), *Deutsche im Ausland – Fremde in Deutschland. Migration in Geschichte und Gegenwart*, München; Marschalck, Peter (1973), Deutsche Überseewanderung im 19. Jahrhundert, Stuttgart; Walker, Mack (1964), *Germany and the Emigration 1816–1885*, Cambridge/Mass.

seinen sozialen und ökonomischen Implikationen in den Blickpunkt politischer und publizistischer Debatten. Im 18. Jahrhundert durch steigenden Bevölkerungsdruck sukzessiv zu einem sozialen Phänomen geworden, kam die Auswanderung aus den deutschen Gebieten während der napoleonischen Kriege fast zum Erliegen. Nach der folgenschweren Klima- und Erntekatastrophe von 1816 erreichte sie dann schlagartig einen neuen Höhepunkt, als innerhalb weniger Monate fast 40 000 Menschen aus Südwestdeutschland vor allem nach Russland und Amerika auswanderten.[126] In der Bevölkerung der deutschen Gebiete verbreitete sich in den folgenden Jahrzehnten die von liberalen Staatsrechtlern geprägte Überzeugung, dass Auswanderung ein Recht der individuellen Freiheit sei.[127] Die restriktiven Maßnahmen der konservativen Regierungen und fehlende staatliche Kontrollen von Auswanderungsagenten und Beförderungsunternehmen führten zu katastrophalen Zuständen in den Ballungszentren an Land und an Bord der Schiffe. So war die Auswanderungsfrage im Vormärz zu einem Politikum geworden und viele Liberale in der Opposition forderten eine staatliche Regulierung der Auswanderung zur Verbesserung der humanitären Zustände.[128]

Viele zeitgenössische AutorInnen aus dem Spektrum der liberalen Nationalbewegung beschäftigten sich intensiv mit dem Thema, wie Hans C. von Gagern, der von 1815–1818 niederländischer Gesandter am deutschen Bundestag war. Von Gagern vertrat die These, dass Auswanderung ein notwendiges Phänomen zur sozialen Entlastung sei, die auf der Bevölkerungstheorie des britischen Nationalökonomen Robert Malthus basierte.[129] Um zu vermeiden, dass die unteren Bevölkerungsschichten »gegen die Nahrungsmittelschranke« drückten und

[126] Vgl. Fenske, Hans (1978), »Imperialistische Tendenzen in Deutschland vor 1866. Auswanderung, überseeische Bestrebungen, Weltmachtträume«, in: *Historisches Jahrbuch*, Bd. 97/98, S. 345.

[127] Vgl. Möhlenbruch, Rudolf (1977), *»Freiher Zug, Ius emigrandi, Auswanderungsfreiheit«. Eine verfassungsgeschichtliche Studie*, Diss. Universität Bonn, Bonn, S. 148ff.

[128] Vgl. Müller, Frank L. (1999), »Imperialist Ambitions in Vormärz and Revolutionary Germany: The Agitation for German Settlement Colonies Overseas, 1840–1849«, in: *German History*, Bd. 17, H. 3, S. 350. Zu den ablehnenden Haltungen der Regierungen siehe Smolka, Georg (1995), *Die Auswanderung als politisches Problem in der Ära des Deutschen Bundes 1815–1866*, 2., überarb. Aufl., Speyer, S. 149–199.

[129] Vgl. Malthus, Thomas R. (1807), *Versuch über die Bedingungen und die Folgen der Volksvermehrung*, übers. v. F. H. Hegelrisch, Altona, S. 5–15; Malthus, Thomas R. (1925), *Eine Abhandlung über das Bevölkerungsgesetz*, Bd. 2 (= Sammlung sozialwissenschaftlicher Meister, Bd. 7), übers. v. Valentine Dorn, 2. Aufl., Jena, S. 609.

Massenarbeitslosigkeit zu Verarmung führe, könne Auswanderung entlastend wirken und als politisches Instrument zu einem Ausgleich zwischen dicht und weniger dicht besiedelten Ländern dienen.[130] Er war jedoch der Ansicht, dass man sie zum Wohl der EmigrantInnen organisieren müsse. Mit von Gagerns Thesen waren nach Fenske »die Leitlinien für die Bewertung der Auswanderung durch die deutsche Öffentlichkeit in den folgenden Jahren abgesteckt«[131] und auch Karl Sieveking wurde von ihnen in seiner Haltung zur Auswanderungsfrage stark beeinflusst. Von Gagern begrüßte zudem die Idee einer geschlossenen Ansiedlung von deutschen AuswanderInnen im Ausland. Daran wird deutlich, wie eng die zeitgenössische Beschäftigung mit dem Phänomen der Auswanderung mit der Entstehung einer frühen deutschen Kolonialdiskussion verknüpft war.[132]

Auf der Basis einer Auswertung von Artikeln in deutschen Lexika zeigt Fenske, dass der Handel mit den europäischen Überseekolonien in der deutschen Öffentlichkeit im frühen 19. Jahrhundert vermehrt als Quelle des Reichtums und mögliche Intensivierung überseeischer Handelsbeziehungen gesehen wurde.[133] In Anlehnung an die Thesen des Nationalökonomen Adam Smith, der den protektionistischen Kolonialhandel der europäischen Kolonialmächte kritisierte und möglichste Handelsfreiheit forderte[134], erhofften sich liberale AutorInnen im Vormärz auch für die deutschen Staaten einen Anteil am europäischen Kolonialhandel.

Der einflussreiche Nationalökonom und Publizist Friedrich List thematisierte zu Beginn der 1840er Jahre den wirtschaftlichen und kulturellen Verlust, der dem Heimatland durch die massenhafte Auswanderung entstand und verband dabei ökonomische Aspekte mit nationalen Motiven. So bemerkte er 1841:

130 Vgl. Fürstenwärther, Moritz von; Hans C. von Gagern (Hg.) (1818), *Der Deutsche in Nordamerika*, Stuttgart, Tübingen, S. 124. »Dem Politiker [...] erscheint ein leises und fortgesetztes Abströmen der Classen mit zu geringem Eigentum ohne Zweifel als etwas sehr Erwünschtes, die innere Ruhe ungemein Beförderndes.« Ebd., S. 124.

131 Fenske 1978, S. 345.

132 Vgl. ebd., S. 345.

133 Vgl. ebd., S. 343.

134 Vgl. Smith, Adam (1974), *Über den Wohlstand der Nationen: Eine Untersuchung über seine Natur und seine Ursachen*, hrsg. und übers. v. Horst K. Recktenwald nach der 5. Aufl. [letzter Hand, 1789], 4. Buch, Kapitel 7, München, S. 465–541.

Was hilft es der deutschen Nation, wenn die nach Nordamerika Auswandernden noch so glücklich werden, ihre Persönlichkeit geht der deutschen Nationalität für immer verloren, und auch von ihrer materiellen Production sind nur unbedeutende Früchte für Deutschland zu erwarten.[135]

Auf der Basis einer starken nationalen Ausrichtung, welche die Nation mit einem ausgedehnten Territorium, einer blühenden Wirtschaft und Bildung sowie ausreichender See- und Landmacht als höchstmögliche Einigung von Individuen betrachtet, propagierte List die Gründung deutscher Siedlungskolonien als Absatzmärkte für heimische Produkte sowie zur Gewinnung von Rohstoffen und Quelle von Kolonialwaren.[136] Dadurch prägte List in der öffentlichen Debatte die ökonomische Argumentation, dass »die Aufbauleistung und der wirtschaftliche Erfolg vieler Auswanderer in rein deutschen Siedlungs-Kolonien auch für ihre alte Heimat vorteilhafter wäre.«[137]

Zudem sah er koloniale Territorien auch als mögliche Absatzmärkte für europäischen Kulturexport im Rahmen einer zivilisatorischen Mission an. Hier artikulierten sich zeitgenössische eurozentrische, andere Bevölkerungsgruppen bevormundende Tendenzen.[138] Die Gründung gemeinsamer Kolonien der deutschen Staaten, »in denen deutsche Auswanderer – durch zweckmäßige Organisation hingeleitet – ihre Nationalität bewahren und der ehemaligen Heimat als Produzenten und Konsumenten nutzen konnten«[139], erschien in den frühen 1840er Jahren als die einzige Möglichkeit, um die Kultur und Identität der deutschen AuswanderInnen zu schützen und den Verlust von Kapital für die deutschen Gebiete zu vermeiden. Der Begriff *Kolonie* wurde dabei nicht unbedingt im Sinne eines kolonialen Territoriums mit einem rechtlichen Abhängigkeitsverhältnis vom Mutterland gebraucht, sondern bezeichnete oft im Sinne von Gagerns nur eine vom Heimatland unabhängige Gruppenansiedlung.[140]

[135] List, Friedrich (1844), *Das nationale System oder politische Ökonomie.* Bd. 1: *Der internationale Handel, die Handelspolitik und der deutsche Zollverein*, 2. Aufl., Stuttgart, Tübingen, S. 580.
[136] Vgl. ebd., S. 257.
[137] Pohlmann, Cornelia (2002), *Die Auswanderung aus dem Herzogtum Braunschweig im Kräftespiel staatlicher Einflussnahme und öffentlicher Resonanz 1720–1897*, Stuttgart, S. 128.
[138] Vgl. Fenske 1978, S. 343, 356.
[139] Pohlmann 2002, S. 129; vgl. Fenske 1978, S. 346; Müller 1999, S. 349.
[140] Vgl. Fenske 1978, S. 346; Pohlmann 2002, S. 129.

Die ökonomischen und nationalen Argumentationen wurden von verschiedenen AutorInnen durch machtpolitische Motive ergänzt, die sich in einer öffentlichen Kritik an der marginalen außenpolitischen Stellung der deutschen Staaten im Vergleich zu den Kolonialmächten England und Frankreich äußerten. So veröffentlichte beispielsweise die *Augsburger Allgemeine Zeitung* 1840 einen Artikel mit dem Titel »Die Colonialstaaten gegenüber von Deutschland«, in dem der Verfasser beklagt, dass unter allen europäischen Großmächten allein Deutschland keine Kolonialmacht sei. Deshalb fordere er die Gründung deutscher Kolonien, um die Macht der deutschen Staaten außenpolitisch zu vereinen und zu vermehren und so das aufkeimende deutsche Nationalgefühl zu konsolidieren.[141]

Zusammenfassend prägten den oben skizzierten Diskurs vor allem drei Argumente: Durch die Gründung deutscher Kolonien und die damit einhergehende Organisation und Kontrolle der Auswanderung glaubte man erstens das Wohlergehen und die Kultur der AuswanderInnen sichern zu können. Zweitens sollte dem wirtschaftlichen Verlust durch die Abwanderung von Arbeitskräften und Kapital mit der Schaffung enger Handelsbeziehungen zwischen den Kolonien und dem Mutterland entgegengewirkt werden. Drittens sollte die politische Position der deutschen Staaten über deren Grenzen hinaus gefestigt und das seit Napoleon in der deutschen Öffentlichkeit keimende Gefühl »gesteigerter nationaler Empfindlichkeit«[142] gestärkt werden.

In verschiedenen deutschen Staaten wurden im Vormärz Kolonialpläne angedacht oder entwickelt, die Begeisterung oder Verwirrung hervorriefen. Sie blieben jedoch Utopien, deren Umsetzung einer praktischen Grundlage entbehrte.[143] So hielt die Zeitung *Der Grenzbote* 1852 fest, viele Kolonisationspläne und Auswanderungsvereine seien initiiert worden, »[...] ohne daß es irgendwo der Tätigkeit solcher Vereine gelungen wäre, der Auswanderung eine Organisation, ja auch nur ein gutes Ziel zu geben. Gerade Unternehmungen, welche mit dem größten Anlauf unternommen wurden, haben am wenigsten gewirkt.«[144]

[141] Vgl. *Allgemeine Zeitung* (AZ), 10.07.1840, *Beilage*, S. 1521.

[142] Fenske 1978, S. 340.

[143] Vgl. Washausen, Helmut (1968), *Hamburg und die Kolonialpolitik des Deutschen Reiches 1880–1890* (= Veröffentlichungen des Vereins für Hamburgische Geschichte, Bd. 23), Hamburg, S. 12.

[144] Zit. nach Schramm, Percy E. (1964a), *Neun Generationen. Dreihundert Jahre deutscher Kulturgeschichte im Licht der Schicksale einer Hamburger Bürgerfamilie (1648–1948)*, Bd. 2, Göttingen, S. 183.

Das folgende Kapitel wird sich mit den ideellen und praktischen Auswirkungen der vormärzlichen Kolonialdiskussion in Hamburg auseinandersetzen.

2.4. Kolonialpolitische Ambitionen in der Hansestadt

Auch in Hamburg regte sich nun vermehrtes Interesse an der in den 1820er und 1830er Jahren zu einem Massenphänomen gewordenen Auswanderung nach Übersee. Wie von Sieveking in Anlehnung an von Gagern bereits 1827 in Brasilien vermerkt, waren viele Hamburger Reeder und Geschäftsleute überzeugt, dass es notwendig sei, die massenhafte Auswanderung aus den deutschen Staaten zu organisieren und zu lenken, statt nur zu versuchen, sie durch negative Gesetzgebungen zu verhindern. Als Folge dessen implementierte der Hamburger Senat 1837 nach Bremer Vorbild eine Verordnung über die Verschiffung von AuswanderInnen.[145] Zudem hatte in Hamburg, wie bereits angedeutet, als Folge der Öffnung der Stadt für den Welthandel im frühen 19. Jahrhundert eine Rezeption kolonialer Argumentationen begonnen. So resümiert Coppius zur Haltung der Hamburger Kaufmannschaft in der wirtschaftlichen Blütezeit nach 1815:

> *Hanseatischer Geist wird wieder unter den Kaufherren der alten Hansastadt rege. Begabt mit dem ihnen eigenen Weitblick erkennen sie kühl und besonnen, daß sie nicht nur dazu bestimmt sind die bloßen Frachtfahrer zwischen jenen transozeanischen Gebieten und dem deutschen Inlande zu bleiben, sondern, daß ihnen doch eine etwas höhere Mission beschieden sei.*[146]

Coppius sieht einen ersten Versuch kolonialpolitischer Betätigung, an dem auch zwei Hamburger Kaufleute beteiligt waren, in den Aktivitäten der 1821 zum Export schlesischer Leinen- und Baumwollprodukte in die Karibik und nach Lateinamerika gegründeten *Rheinisch-Westindischen Kompanie*.[147] Zwar ist es fraglich, inwiefern der Gründung dieser und anderer unter der Beteiligung von Hamburgern in den 1830er Jahren initiierten Gesellschaften – wie der *Wuppertalgesellschaft* und der *Gesellschaft für Südkarolina* – schon wirkliche kolonialpolitische Ambi-

[145] Vgl. H. Sieveking 1928, S. 312, 490; Washausen 1968, S. 12.
[146] Coppius 1905, S. 35.
[147] Vgl. ebd., S. 37ff.

tionen zugrunde lagen.[148] Auch waren Hamburger bis zur Entstehung des Chatham-Vorhabens an konkreten Kolonialprojekten nicht aktiv beteiligt gewesen. Das Engagement der Kaufleute im Überseehandel und in der lukrativen Organisation von Auswanderungen hatte jedoch bei einigen von ihnen größere Ambitionen geweckt und die »Errichtung deutscher Kolonien und Siedlungen in Übersee schien möglich zu sein.«[149]

Diese geistige Bereitschaft von Teilen der Hamburger Kaufmannschaft zur kolonialen Betätigung wird auch in der viel zitierten Rede des Präses der Kommerzdeputation Martin J. Haller aus dem Jahr 1822 deutlich:

> *Der Handel hat eine ganz andre Gestalt angenommen. [...] Das ganze System der Colonisation hat einen solchen Riß, ja solchen Sturz erhalten, daß man fast sagen sollte, jedes Land hat ohne Schwerdstreich die grösten Handelsbesitzungen sich erworben. [...] Alle die seit Jahrhunderten uns verschlossen, fast verborgen gewesenen Länder und Weltteile sind uns offen geworden, und wir können auch sagen: Hamburg hat Colonien erhalten.*[150]

Die Frage eigenständiger kolonialer Betätigung durch Hamburger Firmen oder Privatpersonen war in den 1830er Jahren eng verknüpft mit der Beziehung der Hansestädte zum Zollverein. Waren die Bremer der Idee eines Beitritts gegenüber prinzipiell nicht abgeneigt, nahmen viele Hamburger eine zurückhaltende bis ablehnende Haltung gegenüber dem mächtigen Zollverein ein, da sie Einbußen in ihrer kommerziellen Selbständigkeit befürchteten. Sieveking verkörperte wie kaum ein anderer die Skepsis der ökonomischen und politischen Elite Hamburgs in dieser Frage. Als die Gespräche über die Zukunft der Hansestädte in Berlin nicht vorankamen, sah er darin einen Beweis für die Unmöglichkeit einer »völkerrechtlichen Verhandlung über Leistung und Gegenleistung«[151] zwischen dem Zollverein und den Hansestädten. Im Dezember 1839 äußerte er die Ansicht, dass die Hansestädte, statt Mitglieder des Zollvereins zu werden als zugewandte Bundesgenossen des Vereins ihre Selbständigkeit behalten sollten.[152]

[148] Vgl. ebd., S. 40.
[149] Moltmann 1989, S. 64; vgl. Ahrens 1982, S. 449–450; Coppius 1905, S. 29; Schulz 1994, S. 638.
[150] Aus der Antrittsrede Hallers vor dem Ehrbaren Kaufmann, Hamburg, 08.06.1822, zit. nach Ahrens 1982, S. 444.
[151] Sieveking am 07.06.1839 an den Bremer Bürgermeister Smidt, zit. nach H. Sieveking 1928, S. 386.
[152] Vgl. ebd., S. 384, 388.

Mögliche Versuche kolonialpolitischen Engagements durch Hamburger oder andere Hanseaten waren folglich mit den Schwierigkeiten konfrontiert, die sich aus diesem Spannungsverhältnis mit dem Zollverein auf politischer und ökonomischer Ebene ergaben. Dennoch wurden im 19. Jahrhundert neben der geplanten Kolonisierung der Chatham-Inseln verschiedene koloniale Unternehmungen unter der Beteiligung von Hamburgern initiiert, die jedoch bis zur Etablierung Deutsch-Südwestafrikas 1884 ohne eine eigene politische Administration und Gesetzgebung auskommen mussten. Beispiele dafür sind die Privatkolonie Blumenau und die deutsche Siedlung Dona Francisca im brasilianischen Bundesstaat Santa Catarina[153] sowie das Handelsimperium der Familie Godeffroy in der Südsee ab 1855[154].

Während ein Teil der Hamburger Kaufmannschaft die Idee hanseatischer oder gesamtdeutscher Kolonisation befürwortete, waren viele andere skeptisch. Washausen zufolge blieben sogar die meisten Kaufleute und Bankiers bis in die 1880er Jahre »entschiedene Befürworter der Freihandelspolitik und daher auch Gegner der Kolonialpolitik.«[155]

Nach Washausen war die Aussicht auf neue Rohstoffquellen und Absatzmärkte durch die Gründung eigener Kolonien für viele Hamburger ohne Belang, da sie sich diese in vielen Teilen der Welt bereits mithilfe von Konsulaten und Handelsverträgen selbst erschlossen hat-

[153] Erstere wurde 1850 von Herrmann Blumenau, der anfänglich von der *Gesellschaft zum Schutz deutscher Auswanderer in Südbrasilien* mit Sitz in Hamburg unterstützt wurde, letztere im folgenden Jahr von Senator Christian M. Schröder im Auftrag des *Colonisations-Vereins von 1849* in Hamburg gegründet. Vgl. Gründer, Horst (Hg.) (1999), »*...da und dort ein junges Deutschland gründen.*« *Rassismus, Kolonien und kolonialer Gedanke vom 16. bis zum 20. Jahrhundert*, München, S.17. Siehe auch Schramm, Percy E. (1964b), »Die deutsche Siedlungskolonie Dona Francisca (Brasilien: St. Catharina) im Rahmen gleichzeitiger Projekte und Verhandlungen«, in: *Jahrbuch für Geschichte von Staat, Wirtschaft und Gesellschaft Lateinamerikas*, Bd. 1, Köln, Graz, S. 283–324.

[154] Ausgehend von Samoa, weitete die Firma *J.G. Godeffroy & Sohn* ihr Handelsnetzwerk durch die Gründung von Agenturen sukzessiv auf diverse Inselgruppen Mikronesiens und Melanesiens aus und begann ab 1865 mit dem Aufbau eigener Plantagen. Vgl. Schramm, Percy E. (1950), *Deutschland und Übersee. Der deutsche Handel mit den anderen Kontinenten, insbesondere Afrika, von Karl V. bis zu Bismarck. Ein Beitrag zur Geschichte der Rivalität im Wirtschaftsleben*, Braunschweig u.a., S. 82–83. Siehe auch Skrivan, Ales (1995), *Das hamburgische Handelshaus Johan Cesar Godeffroy & Sohn und die Frage der deutschen Handelsinteressen in der Südsee* (= Veröffentlichungen des Vereins für Hamburgische Geschichte, Bd. 81), Hamburg.

[155] Washausen 1968, S. 182.

ten.[156] Zwar war militärischer Schutz für ihren Handel und die staatliche Regulation von Auswanderung wünschenswert. Die Angst vor einer bürokratischen Einengung des Überseehandels, vor zu viel Aufmerksamkeit für ihre Geschäfte und vor politischen Konflikten mit anderen Kolonialmächten dominierte jedoch die Haltung vieler Hamburger.[157] Die Einstellung der Kolonialbefürworter um Karl Sieveking kann also nur für einen Teil der Hamburger Kaufmannschaft zu Beginn der 1840er Jahre als repräsentativ angesehen werden. Viele Vertreter der politisch-kaufmännischen Elite der Hansestadt hegten dagegen Bedenken gegen eine von nationalen und machtpolitischen Ideen gelenkte Überseepolitik.

[156] Vgl. ebd., S. 182.

[157] Vgl. ebd., S. 183, 185. Washausen betont jedoch auch, dass die Hamburger Kaufleute, trotz ihrer anfänglichen Skepsis, nach der Konsolidierung der Schutzgebiete zu den größten Nutznießern der deutschen Kolonialpolitik gehört hätten. Vgl. ebd., S. 187.

3. Die geplante »Deutsche Antipoden-kolonie« auf den Chatham-Inseln

3.1. Karl Sieveking und seine koloniale Vision

Karl Sieveking (1787–1847) stammte aus einer seit Mitte des 18. Jahrhunderts in Hamburg ansässigen Tuchhändlerfamilie, die das Selbstbild und die Lebensweise der bürgerlichen Elite Hamburgs personifizierte wie kaum eine andere Familie.[158] Zusammen mit dem Senatorensohn Caspar Voght leitete sein Vater Georg H. Sieveking ab 1781 das Unternehmen *Voght und Sieveking*, das vor allem mit ostindischem Salpeter und Tee sowie Kupfer, Tauwerk, Landwachs und Flachs handelte.[159] Trotz einiger Rückschläge konnten die Geschäftspartner in den 1780er Jahren dauerhafte Handelsbeziehungen nach Nordamerika anknüpfen.[160]

Statt wie zwei seiner drei Brüder die Laufbahn eines Kaufmanns einzuschlagen, entschied sich Karl Sieveking für ein Studium der Rechtswissenschaft und promovierte 1810 in Göttingen.[161] Nach dem Beginn der Freiheitskriege trat Sieveking 1812 der Hamburger Bürgergarde bei und setzte sich in den folgenden Jahren als hanseatischer Gesandter an verschiedenen europäischen Höfen für die Unabhängigkeit der drei Hansestädte ein. So reiste er 1814 als Mitglied einer Deputation nach Paris, um Entschädigungszahlungen für die von napoleonischen Truppen beraubte Hamburger Bank zu erwirken.[162] 1815 führte er Verhandlungen mit dem Herzog von Wellington über Subsidien für die

[158] Vgl. Schulz 1994, S. 665.

[159] Vgl. Sieveking, Heinrich (1912), »Das Handelshaus Voght und Sieveking«, in: Verein für Hamburgische Geschichte (Hg.), *Zeitschrift des Vereins für Hamburgische Geschichte*, Bd. 12, S. 69, 70.

[160] Vgl. Moltmann 1989, S. 62; Sieveking, Heinrich (1923), *Karl Sieveking (1787–1847). Lebensbild eines Hamburgischen Diplomaten aus dem Zeitalter der Romantik*, Teil 1: *Die Ausbildung*, Hamburg, S. 38–39, 43.

[161] Vgl. H. Sieveking 1923, S. 56ff.; Sillem, Wilhelm (1892), »Sieveking, Karl«, in: Historische Kommission bei der Bayerischen Akademie der Wissenschaften (Hg.), *Allgemeine Deutsche Biographie*, Bd. 34, S. 227–228.

[162] Vgl. Sieveking, Heinrich (1926), *Karl Sieveking (1787–1847). Lebensbild eines Hamburgischen Diplomaten aus dem Zeitalter der Romantik*, Teil 2: *Im Kampfe für die Freiheit von Vaterland und Vaterstadt*, Hamburg, S. 13ff., 97; Sillem 1892, S. 229.

Hamburger Truppen und zog in dessen Gefolge im Juli in Paris ein. Seine ausführlichen Depeschen aus Paris wurden in Hamburg mit großem Interesse zur Kenntnis genommen, sicherten ihm die Zusage für das nächste frei werdende Syndikat und markierten den Beginn seiner offiziellen politischen Karriere.[163] Bis zu seiner Wahl zum Syndikus im Mai 1820 war Sieveking als Anwalt in Hamburg tätig. Er vertiefte sein Wissen über hamburgische Geschichte und begann sich mit geographischen Fragen und nationalökonomischen Theorien des 18. Jahrhunderts zu beschäftigen.[164]

Das zunehmende Interesse der Hamburger Kaufleute an Handelsbeziehungen mit den unabhängig gewordenen Staaten in Mittel- und Südamerika führte den Syndikus 1827 auf seine erste große amtliche Reise nach Brasilien. Während seines sechsmonatigen Aufenthalts in Rio de Janeiro versuchte er, die wichtigsten brasilianischen Politiker von der handelspolitischen Bedeutung der deutschen Hansestädte zu überzeugen und einen günstigen Handelsvertrag auszuhandeln, der mit einigen Abstrichen im November 1827 unterzeichnet wurde.[165] Doch die Brasilien-Reise, auf der ihn sein Legationssekretär Adolph Schramm begleitete, markierte nicht nur den Beginn des handelspolitischen Engagements Sievekings. Dort begann er auch, sich mit dem Schicksal deutscher AuswanderInnen zu beschäftigen, deren Zahl in Brasilien in den vergangenen Jahren stark angestiegen war.[166] Auf der Grundlage seiner Beobachtungen erkannte er die Möglichkeiten, die eine gründliche Organisation der Auswanderung seinen Landsleuten bieten könnte und schrieb seiner Frau am 7. November 1827:

> *Statt diese Auswanderungen zu verhindern, sollte man sie zu organisiren suchen. […] Ich halte mich überzeugt, daß durch die Festhaltung weniger Grundsätze diese ackerbauende Bevölkerung Deutscher Protestanten zu einem großen Segen besonders für die gemäßigten Landschaften dieses unermeßlichen Continents werden könnte.*[167]

Den hanseatischen Diplomaten schwebte zu dieser Zeit ein großes Netz von Handelsstützpunkten vor. Brasilien sollte nur ein Anfang sein, dem Haiti, Mexiko, große Teile Südamerikas und auch die spanischen

[163] Vgl. H. Sieveking 1926, S. 154ff., 182ff.; Sillem 1892, S. 230.
[164] Vgl. H. Sieveking 1926, S. 204ff.
[165] Vgl. H. Sieveking 1928, S. 117, 128; Washausen 1968, S. 12; Wegner 2008, S. 123, 204.
[166] Vgl. Berry 1964, S. 14; H. Sieveking 1928, S. 126; Wegner 2008, S. 204.
[167] Zit. nach H. Sieveking 1928, S. 127.

und englischen Kolonien folgen sollten.[168] Nachdem im Dezember auch ein hanseatischer Handelsvertrag mit den USA unterzeichnet worden war und die Ratifikation eines Abkommens mit Mexiko zeitnah erwartet wurde, sprach Sieveking nach seiner Rückkehr schon enthusiastisch von einem »diplomatische[n] Feldzug in der ganzen Ausdehnung der Neuen Welt«[169], der bald beendigt sein würde. Bei den Verhandlungen mit Frankreich und den Staaten der iberischen Halbinsel stießen die isoliert von ihren Nachbarstaaten agierenden Hansestädte jedoch an ihre Grenzen, so dass Sieveking 1836 die Idee einer »Deutschen Schiffahrtshanse« ausarbeitete. In dieser Vereinigung könnten die Hansestädte, Preußen und andere Elb- und Weserstaaten unter gemeinsamer Flagge mit anderen Staaten handeln und verhandeln, wobei Hamburg als Umschlagplatz für Waren aus dem Binnenland eine zentrale Rolle einnehmen sollte. H. Sieveking zufolge wurzelte die Idee dieser neuen Handelsunion in der Unbestimmtheit der Grenzen und dem geringen Einfluss der zentralen Regierungsgewalt im Deutschen Bund.[170] Der in den folgenden Jahren mehrfach wieder aufgebrachte Vorschlag stieß allerdings jedes Mal auf Ablehnung bei den Regierungen möglicher Mitgliedsstaaten.[171]

Karl Sieveking befand sich nun auf dem Höhepunkt seiner diplomatischen Karriere. Seit 1830 vertrat er die Hansestädte als Gesandter am Frankfurter Bundestag, trug zum Abschluss weiterer Handelsverträge mit lateinamerikanischen Staaten bei und bereiste als verantwortlicher Syndikus für Auswärtige Angelegenheiten seit 1837 viele deutsche und europäische Staaten.[172] Zudem stand er in ständigem Briefwechsel mit den Senaten der Hansestädte sowie Gesandten in London, Paris, Wien und Berlin.[173] Als ältester Hamburger Syndikus genoss er in den Hansestädten hohes Ansehen und wurde für seine umfassende Kenntnis überseeischer Verhältnisse, seine weltgewandte und feingeistige Art und seine vielfältigen diplomatischen Beziehungen von vielen Zeitgenossen geschätzt.[174] Ende der 1830er Jahre beschäftigte sich Sieveking

[168] Vgl. ebd., S. 61.

[169] Zit. nach Schramm 1952, S. 92. Mexiko lehnte die Ratifizierung jedoch ab, so dass erst 1841 ein inhaltlich stark von der ersten Version abweichender Handelsvertrag zwischen den Hansestädten und Mexiko in Kraft treten konnte. Vgl. ebd., S. 92.

[170] Vgl. H. Sieveking 1928, S. 499.

[171] Vgl. Schramm 1952, S. 191; H. Sieveking 1928, S. 307ff.

[172] Vgl. Schulz 1994, S. 665.

[173] Vgl. H. Sieveking 1928, S. 314, 382–383.

[174] Vgl. Berry 1964, S. 13; Schulz 1994, S. 638, 665; Washausen 1968, S. 12.

intensiv mit dem Schicksal deutscher AuswanderInnen, suchte immer neue Anknüpfungspunkte für diplomatische Beziehungen der Hansestädte nach Übersee und setzte sich fortlaufend für ihre Selbständigkeit ein, insbesondere gegenüber dem Zollverein. Vor diesem Hintergrund begann er, sich für die kolonialpolitischen Ideen der liberalen Nationalbewegung zu interessieren und die Idee einer Hamburger Übersee-Kolonie zu entwickeln.[175] Er hatte sich auch mit den Texten verschiedener britischer und französischer Autoren beschäftigt[176] und zeigte sich besonders beeindruckt von den Theorien Edward G. Wakefields. Er hoffte, »die Erfolge, welche das Wakefield'sche Kolonisationssystem in Australien und Neuseeland davonzutragen schien, auch für Deutschland nutzbar zu machen.«[177]

Sieveking war überzeugt, dass die Initiierung und Leitung deutscher Kolonisation nur von den Hansestädten übernommen werden könnte. Zwar würde es notwendig sein, dass Preußen als wichtigste Kriegsmacht des Deutschen Bundes einer Hamburger Kolonisationsbemühung militärischen Schutz gewährte; er zweifelte jedoch nicht an der Möglichkeit politisch und ökonomisch eigenständiger kolonialer Betätigung der Hansestädte.[178] Mit derselben Energie, mit der er 1815 für die Unabhängigkeit der Hansestädte eingetreten war, glaubte der Syndikus nun »an eine selbständige Mission, welche die Hansestädte zur Ehre des deutschen Namens zu erfüllen hätten.«[179]

Um geeignete Orte für ein deutsches Kolonisationsunternehmen ausfindig zu machen, nutzte er das weltumspannende Netz Hamburger Konsuln, die er diesbezüglich Anfang 1840 um Auskunft bat. Im Dezember 1840 beschrieb ihm Maximilian Thalwitzer in einem Antwortschreiben aus Kapstadt die dortigen Verhältnisse. Er sehe Möglichkeiten für eine deutsche Kolonisierung westlich und östlich der Kapkolonie, insbesondere in der noch nicht von Großbritannien annektierten Kolonie Port Natal, da dort nach der Sklavenemanzipation ein Mangel an Feldarbeitern und Handwerkern bestehe.[180] Auf

[175] Vgl. Coppius 1905, S. 40–41; H. Sieveking 1928, S. 490.

[176] Er las beispielsweise Robert Owens *Development of the Principles and Plans on which to establish Self-Supporting Colonies* (1841) und beschäftigte sich auf der Basis von Tommaso Campanellas *Sonnenstaat* (1602) und Abbé Morellys *Codex der Natur* (1755) mit gesellschaftlichen Utopien. Vgl. H. Sieveking 1928, S. 516.

[177] Ebd., S. 151.

[178] Vgl. H. Sieveking 1896, S. 151; Washausen 1968, S. 12–13.

[179] H. Sieveking 1896, S. 151.

[180] Thalwitzer am 28.12.1840 an Sieveking, vgl. ebd., S. 151; H. Sieveking 1928, S. 491–492.

die Schilderungen Thalwitzers eingehend und diese mit der Siedlungstheorie Wakefields verknüpfend, stellte Sieveking seine kolonialpolitischen Ideen im April 1841 ausführlich dar. So äußerte er die Hoffnung, der Mangel an Arbeitskräften am Kap könne durch die Anwendung des Wakefield'schen Systems behoben werden. Weiter plädierte er für die Gründung einer deutschen Kapitalgesellschaft, die sich in Aussicht auf eine spätere Beteiligung an den durch die Verschiffung deutscher AuswanderInnen erwirtschafteten Profiten möglicherweise von der Idee einer Investition in Staatsländereien in der Kolonie überzeugen ließe. Er plädierte für eine gemeinsame staatliche Lenkung deutscher Auswanderung in die Niederlassung Natal – unter Mitwirkung verschiedener deutscher Staaten und womöglich mit dem Einverständnis der britischen Regierung (seit 1823 existierte dort eine permanente britische Siedlung). Hamburg würde die Rolle eines Vermittlers übernehmen und als Auswanderungshafen die Verschiffung der KolonistInnen organisieren. Zudem sei es wünschenswert, dass die Kolonie Natal nach hanseatischem Modell als Freihafen mit liberaler Zollpolitik organisiert sei und der öffentliche Haushalt statt durch Zölle vor allem durch den staatlichen Landverkauf und Grundsteuern finanziert werde.[181] Zwar hatte Sievekings Vision einer deutschen Kolonie in Südafrika keine praktische Aussicht auf Realisierung, wie die britische Annektierung Natals 1843 zeigen sollte, sie enthielt jedoch bereits wichtige Grundzüge seiner kolonialpolitischen Ideen, die er wenig später im Chatham-Plan konkretisierte.

Neben dem südlichen Afrika hielt Sieveking auch jene Staaten Südamerikas für die Gründung einer deutschen Kolonie geeignet, mit denen er als Syndikus bereits diplomatische Beziehungen geknüpft hatte. Neben den handelspolitischen Vorzügen der Region als Absatzmarkt und Rohstofflieferant schien Südamerika nach Schramm auch als Sprungbrett nach Asien und in den pazifischen Raum dienen zu können.[182] Ende der 1830er Jahre befand sich Hamburg bereits in regem Handelsverkehr mit südamerikanischen Firmen, so dass die Ausweitung der Warenverschiffung auf den Transport von deutschen AuswanderInnen in die Region als logischer und ökonomisch viel versprechender Schritt erschien. Unter den Hamburger Reedern entstand nach H. Sieveking in dieser Zeit die Hoffnung, die Auswanderung nach Brasilien könnte

[181] Vgl. Fenske 1978, S. 372–373; H. Sieveking 1928, S. 494.
[182] Vgl. Schramm 1950, S. 79.

für den Hamburger Hafen eine ähnliche Wichtigkeit entfalten wie die Amerikaauswanderung für Bremen.[183]

Ebenfalls im April 1841 sandte Sieveking ein Memoire an die hamburgischen Konsuln in verschiedenen südamerikanischen Ländern.[184] Auch darin schlug er die Anwendung der Wakefield'schen Kolonisationstheorie als Ausgleich zwischen Löhnen und Landpreisen vor, um planlose und zufällige Besiedlung durch eine bedachte Auffüllung der Bevölkerung zu ersetzen. Kolonialgesellschaften sollten Land erwerben und als städtisches Bau- und Ackerland zu verschiedenen Preisen an die AnsiedlerInnen weiterverkaufen. Dadurch könnten sie beeinflussen, dass vor allem Menschen auswanderten, die als Arbeitskräfte in der Kolonie gebraucht würden. Neben dem Verkauf von Land und einer Besteuerung desselben sollten in einer möglichen deutschen Kolonie in Südamerika zusätzlich Abgaben für SklavenbesitzerInnen eingeführt werden, um den Haushalt zu decken und Freihäfen zu finanzieren.[185] Sieveking war überzeugt, dass eine auf Sklaverei basierende Wirtschaft überholt sei und empfahl den südamerikanischen Regierungen die Beschäftigung deutscher TagelöhnerInnen und ArbeiterInnen als billigere und bessere Alternative.[186] Verträge zwischen den Regierungen vor Ort und dem Hamburger Rat könnten sicherstellen, dass den AuswanderInnen eine freie Überfahrt, Religionsfreiheit sowie das Recht auf freie Arbeit und munizipale Eigenständigkeit garantiert werde. Die Stadt Hamburg könne dann der Bevölkerung anderer Staaten des Deutschen Bundes die Möglichkeit einer Auswanderung in die deutsche Kolonie unter diesen Bedingungen anbieten.[187]

Während südamerikanische Geschäftsträger und Gesandte in der Mehrheit positiv auf Sievekings Ideen reagierten und deren Realisierung in ihrem jeweiligen Land in Aussicht stellten[188], waren die Ant-

[183] Vgl. H. Sieveking 1896, S. 152.

[184] Vgl. Schramm 1964a, S. 121–122; H. Sieveking 1928, S. 495.

[185] Memoire von Karl Sieveking an die Hamburger Konsuln in Südamerika vom 10.04.1841, vgl. H. Sieveking 1896, S. 152; H. Sieveking 1928, S. 496.

[186] Vgl. Ustorf 1983, S. 25. Ustorf sieht darin eine Form der Ausbeutung der AuswanderInnen: »Es versteht sich hingegen von selbst, daß die Betroffenen, die mittellosen und gerade deshalb für das Versprechen einer ›freien Überfahrt‹ empfänglichen Auswanderungswilligen, am allerwenigsten davon unterrichtet wurden, daß für sie – die ›arbeitende Classe‹ – der Ersatz von Sklavenarbeit als ökonomische Aufgabe vorgesehen wurde.« Ebd. S. 25.

[187] Memoire von Karl Sieveking an die Hamburger Konsuln in Südamerika vom 10.04.1841, vgl. H. Sieveking 1896, S. 152; H. Sieveking 1928, S. 496.

[188] H. Sieveking zufolge äußerten beispielsweise der brasilianische Minister in Lon-

worten der Hamburger Konsuln verhaltener. Zwar begrüßten einige Diplomaten Sievekings Ideen, wie E. W. Berckenmeyer in Chile. Mehrheitlich warnten sie jedoch, wie beispielsweise der hamburgische Generalkonsul in Rio Bisterfeld, vor kaufmännischer Spekulation, mangelnden Gesetzgebungen zum Schutz europäischer Ansiedlung vor Ort und den negativen Folgen von Sklaverei auf die lokale Wirtschaft.[189]

Noch größere Chancen für die Realisierung einer deutschen Auswanderung unter der Leitung der Hansestadt Hamburg erhoffte sich Karl Sieveking in Ozeanien. Ermutigt durch die erfolgreiche Ansiedlung von religiös verfolgten AltlutheranerInnen aus Preußen im südaustralischen Hahnsdorf ab 1838 begann er zeitgleich zu seinen Erkundigungen über Südafrika und Südamerika damit, nach geeigneten Landstrichen für die Gründung einer deutschen Kolonie in Australien oder Neuseeland zu suchen.[190] Dies wird auch in einem Brief des Vertreters der Hansestädte in London James Colquhoun an Sieveking vom 12. April 1841 deutlich, in dem er sich bereit erklärt – wahrscheinlich als Antwort auf eine entsprechende Bitte Sievekings – dem Colonial Office den Vorschlag einer deutschen Auswanderung nach Port Natal, Australien oder Neuseeland zu unterbreiten.[191]

Zusammenfassend lässt sich erkennen, dass Karl Sieveking im Frühjahr 1841 davon überzeugt war, dass die Gründung einer deutschen Überseekolonie für verschiedene soziale, politische und ökonomische Probleme der deutschen Staaten Abhilfe schaffen könnte. Kolonialpolitische Argumentationen der liberalen Oppositionsbewegungen im Vormärz mit lokalen handelspolitischen Interessen der Hansestadt verknüpfend, hatte er eine koloniale Vision entwickelt, in der Hamburg als ideelles und organisatorisches Zentrum der Kolonisation eine zentrale Rolle spielen sollte. Von der praktischen Realisierbarkeit seiner Pläne war er überzeugt; nun galt es, einen geeigneten Ort für deren Umsetzung ausfindig zu machen. Vor diesem Hintergrund überrascht es nicht, dass Sieveking großes Interesse zeigte, als er im Mai 1841 von

don Montezuma, der Agent der argentinischen Konföderation Moreno und der Geschäftsträger der Staaten Chile, Venezuela, Ecuador und Uruguay ihr Interesse an Sievekings Plan, priesen die Vorzüge ihres Landes an und sicherten möglichen AuswanderInnen die geforderten Grundrechte und eine freie Überfahrt zu. Vgl. ebd., S. 496–497.

189 Vgl. H. Sieveking 1896, S. 152; H. Sieveking 1928, S. 497–498.

190 Vgl. ebd., S. 499.

191 Vgl. Colquhoun am 12.04.1841 an Sieveking, StAHH, 622–1/90 Sieveking, E 2, Bd. 1.

dem Sekretär der *New Zealand Company*, John Ward, das Angebot erhielt, die vor Neuseeland gelegenen Chatham-Inseln zu kaufen.

3.2. Der vorläufige Kaufvertrag vom 12. September 1841

John Ward war im Frühjahr 1841 aus London nach Hamburg gekommen, um kommissarische Verhandlungen über den Stader Elbzoll zu führen und traf während seines Besuchs in der Hansestadt auf Sieveking, mit dem er sich neben zollpolitischen Themen auch über dessen Kolonialpläne unterhielt.[192] Als Sekretär der *New Zealand Company* konnte Ward den interessierten Syndikus detailliert über die systematischen Kolonialisierungsbestrebungen der Gesellschaft in Neuseeland und die praktische Anwendung der Wakefield'schen Theorie dort informieren. In einem ihrer Gespräche berichtete Ward auch über die Absicht der *New Zealand Company*, die Chatham-Inseln zu veräußern und unterbreitete Sieveking im Mai 1841 den Vorschlag – wahrscheinlich da er die Realisierung von dessen Kolonialplänen dort für möglich hielt – die Inseln für 10000 Pfund Sterling von der *New Zealand Company* zu kaufen.[193]

Sieveking konzentrierte sich in den nächsten Monaten – obwohl noch andere koloniale Ideen im Raum standen[194] – ganz auf die Planung des Chatham-Projekts. Als Erklärung vermerkt H. Sieveking, das »geographisch fernstliegende« dieser Projekte sei durch die Anwesenheit Wards in Hamburg »im Moment das erreichbarste« gewesen. Er schreibt weiter: »Sieveking glaubte daher, Ward nicht abreisen lassen zu sollen, ohne am 12. September eine vorläufige Übereinkunft mit ihm über den Ankauf der Chatham-Inseln abzuschließen.«[195]

Sievekings bereits zu dieser Zeit vorhandene Bedenken, ob die britische Regierung die Hoheitsrechte über die Chatham-Inseln vielleicht doch für sich beanspruchen und dieser Umstand der Gründung der Antipodenkolonie im Wege stehen könnte, versuchte Ward auszuräumen. So versicherte er, Großbritannien habe keinen Anspruch auf die Inseln und es reiche aus, dass die Krone die deutsche Souveränität stillschweigend billige. Auch wenn Lord Stanley, der neue *Secretary of State for*

[192] Vgl. H. Sieveking 1928, S. 499.

[193] Vgl. Fenske 1978, S. 373; Gründer 1999, S. 14; Washausen 1968, S. 13.

[194] Wie eine hanseatische Beteiligung an den Plänen eines deutschen Texasvereins oder die Besiedlung einer zum geschwächten Osmanischen Reich gehörenden Insel im Mittelmeer. Vgl. H. Sieveking 1928, S. 502.

[195] Ebd., S. 502.

War and the Colonies in der wenige Tage vor Abschluss des Vertrags gewählten Regierung unter Premier Sir Robert Peel, skeptisch sein möge; der Wunsch, eine günstige Beziehung Englands zum Zollverein aufrecht zu erhalten würde seiner Meinung nach eine positive Einstellung Englands zu einem deutschen Kolonisationsvorhaben zur Folge haben.[196]

Ohne die Senate der Hansestädte über sein Vorhaben offiziell informiert zu haben und auf die Richtigkeit der Aussagen Wards zur Souveränitätsfrage vertrauend, schloss Syndikus Sieveking, im Namen der noch zu gründenden *Deutschen Colonisationsgesellschaft*, am 12. September 1841 mit John Ward, »Commissioner of Her Brittanic [sic.] Majesty acting on this occasion on behalf of the N.C.Z.«, einen vorläufigen Vertrag über den Kauf der Chatham-Inseln ab.[197] Im Folgenden wird der Inhalt dieses Vorvertrags dargestellt und seine Bedeutung hinsichtlich der darin enthaltenen Handlungsimplikationen für die beteiligten Akteure analysiert.

Das Dokument definiert zunächst die zu kaufende Landfläche als die:

> *Chatham Islands, consisting of the large island called by the natives Warrekauru and by the Europeans Chatham Island, of a smaller island, called by the natives Rangihaude and by the Europeans Pitts Island; and of a third island, called by the natives Rangatira and by the Europeans South East or Cornwallis Island, […] and other smaller adjacent islets.*[198]

Karl Sieveking verpflichtete sich durch die Unterzeichnung, innerhalb von sechs Monaten die *Deutsche Colonisationsgesellschaft* zu gründen, in deren Namen er die Übereinkunft abschloss. Dieser Gesellschaft sollte nach Übermittlung des auf 10000 Pfund angesetzten Kaufpreises das Eigentumsrecht über die Inselgruppe, zum Zweck einer Besiedlung durch deutsche AuswanderInnen, übertragen werden. Erst zwei Monate nach dem Austausch der Ratifizierungen der Vereinbarung würden zehn Prozent der Summe fällig werden; der Rest sollte innerhalb eines Jahres nach Inbesitznahme bezahlt werden.[199]

In § 3 des Vertrags heißt es, die *New Zealand Company* als Ver-

[196] Vgl. Coppius 1905, S. 41; H. Sieveking 1896, S. 157.

[197] *Memorandum of an Agreement made at Hamburg*, 12.09.1841, StAHH, 622–1/90 Sieveking, E 25, Bd. 3, S. 72–75, Kopie in Eichbaum 1950, S. 267; vgl. Coppius 1905, S. 41; Washausen 1968, S. 13.

[198] *Memorandum*, StAHH, 622–1/90 Sieveking, E 25, Bd. 3, S. 72–75.

[199] Vgl. ebd., S. 72–75; Berry 1964, S. 14; Coppius 1905, S. 41; Richards 1993, S. 48; H. Sieveking 1896, S. 158.

käufer der Landfläche habe keine Kenntnis darüber, dass die britische Krone die Souveränität über die Inseln je für sich beansprucht hätte. Weiter sei anzunehmen, dass die *Deutsche Colonisationsgesellschaft* als Käufer das Recht habe, diese Souveränität den Hansestädten Lübeck, Bremen und Hamburg oder irgendeinem anderen deutschen Staat oder Staaten des Deutschen Bundes, gemeinschaftlich oder besonders, zu übertragen. Falls diese Annahmen nicht der Wahrheit entsprächen, versichert die *New Zealand Company*, ihren Einfluss bei der britischen Regierung geltend zu machen, um den deutschen AnsiedlerInnen vor Ort »the full enjoyment of their National rights, usage and customs, and religious liberty«[200] zu sichern. Was genau unter den genannten »Nationalen Rechten« zu verstehen ist, wird nicht näher erläutert und bleibt im Kontext einer geplanten Koloniegründung durch eine Hansestadt oder einen anderen Mitgliedsstaat des Deutschen Bundes, ohne einen starken Nationalstaat als Triebkraft der Auswanderung, unklar. Vermutlich hatten die Unterzeichner die politische Freiheit einer munizipalen Selbstverwaltung im Sinn, die in enger Verbindung zum Mutterstaat bleibt. In Kombination mit der Ausübung einer gemeinsamen Kultur, der Erhaltung von religiösen Ausrichtungen und der deutschen Sprache könnte somit die Nationalität der AuswanderInnen vor Assimilierungsprozessen geschützt werden.

Bei der Untersuchung der späteren Entwicklung der internationalen Kommunikation über die Souveränitätsfrage wird deutlich, dass der Inhalt dieser dritten Klausel des vorläufigen Kaufvertrags den Kern der Streitfrage um die Gründung der deutschen Kolonie bildete und letztlich zum Scheitern des Chatham-Unternehmens führte.[201]

Schließlich verpflichtet sich die zu gründende Gesellschaft dazu, innerhalb von zwölf Monaten nach der Ratifizierung einen Agenten auf die Chatham-Inseln zu senden, um diese offiziell in Besitz zu nehmen. Zudem sei die Ansiedlung von Sträflingen und Verbrechern in der »Deutschen Antipodenkolonie« nicht zulässig. Als Voraussetzung für das Inkrafttreten der Vereinbarung wurde eine Ratifizierung innerhalb von sechs Monaten nach Abschluss des Vorvertrags festgelegt, also bis März 1842.[202]

Aus dem vorläufigen Kaufvertrag geht nicht klar hervor, welche

200 Berry 1964, S. 15; vgl. Coppius 1905, S. 41; Eichbaum 1950, S. 261; Richards 1993, S. 48; *Memorandum*, StAHH, 622–1/90 Sieveking, E 25, Bd. 3, S. 72–75.

201 Vgl. Eichbaum 1950, S. 261.

202 Vgl. *Memorandum*, StAHH, 622–1/90 Sieveking, E 25, Bd. 3, S. 72–75.

Instanzen das Dokument ratifizieren mussten, damit es Rechtskraft erlangen konnte. Läge die Souveränität über die Inseln nicht bei der britischen Krone, wie in § 3 angenommen, und sollte sie in Zukunft den deutschen Hansestädten zufallen, müssten die Senate derselben den Vertragsabschluss anerkennen und folglich ihren Anspruch auf die Chatham-Inseln offiziell geltend machen. Gleiches würde für die Regierungen anderer deutscher Staaten gelten. Die Handlung Wards müsste durch die britische Siedlungsgesellschaft *New Zealand Company* autorisiert werden, da dieser nach eigener Aussage als Vertreter der Gesellschaft auftrat. Fraglich ist dagegen, welche Haltung der britischen Regierung gegenüber eingenommen werden sollte. Hätte diese die Souveränität nie proklamiert, wäre auch eine Missbilligung des Verkaufs durch britische Beamte im Namen der Krone theoretisch nicht von Bedeutung. Dass John Ward von dieser Möglichkeit jedoch selbst nicht überzeugt war, zeigt der Verlauf der nun einsetzenden Verhandlungen, in der die Frage von zentraler Bedeutung war, welche Haltung die Regierung Peel, insbesondere das Colonial Office und das Außenministerium, zu Sievekings Kolonialplänen einnahm (siehe Kapitel 4.3.).

Sieveking hatte die Senate der Hansestädte offiziell nicht von seinen Plänen und der Unterzeichnung des Vorvertrags in Kenntnis gesetzt und informierte nur seine engsten Freunde und Vertraute von der Vereinbarung mit Ward. Er handelte somit auf eigene Verantwortung als zukünftiger Vorsitzender einer noch nicht existierenden Kolonialgesellschaft und nicht als Syndikus der Hansestadt Hamburg im Auftrag des Rats.[203] Dadurch, dass erst zwei Monate nach der offiziellen Autorisierung des Vertrags durch die zuständigen Stellen eine Summe von eintausend Pfund fällig würde, ging Sieveking zunächst kein finanzielles Risiko ein. Nun kam es darauf an, in politischen und kaufmännischen Kreisen der Hansestädte und der deutschen Staaten für seine Ideen zu werben, um Mitglieder für seine geplante Kolonisationsgesellschaft zu gewinnen.

3.3. Der konkrete Kolonisationsplan für die Chatham-Inseln

Das folgende Kapitel wird sich mit drei unterschiedlichen, aber teilweise miteinander verknüpften Aspekten des Sieveking'schen Kolonialplans für die Chatham-Inseln beschäftigen. Zum einen werden die von

[203] Vgl. H. Sieveking 1896, S. 158.

Sieveking angenommenen – oder zumindest im Rahmen von Überzeugungsversuchen anderen gegenüber behaupteten – Vorzüge der Inseln für die Kolonisierung und Besiedlung durch deutsche AuswanderInnen vorgestellt. Das sich anschließende Unterkapitel wird sich mit der zentralen Frage nach den Motiven und Zielsetzungen Sievekings und seiner *Deutschen Colonisationsgesellschaft* beschäftigen und diese im Kontext ihrer ideellen Entstehungsgeschichte kritisch beleuchten. Anschließend wird anhand der konkreten Planungsideen für die Organisation der Kolonie untersucht, wie die Hamburger Akteure diese Ziele praktisch erreichen wollten.

Als Quellenbasis dienen zum einen Ausschnitte aus Briefen des Syndikus an Persönlichkeiten aus wirtschaftlichen und politischen Kreisen verschiedener deutscher Staaten sowie seine in der Literatur publizierten Aussagen. Zum anderen ein vierseitiger, im November 1841 unter dem Titel »Die Deutsche Antipoden-Kolonie« gedruckter Kolonisationsaufruf Sievekings. Nachdem er während eines Aufenthalts in London im Oktober 1841 umfangreiches Berichts- und Kartenmaterial über die Chatham-Inseln von der *New Zealand Company* erhalten hatte, ließ er dieses im November in Hamburg unter dem Titel *Warrekauri* drucken.[204] Dieser Ansammlung verschiedener Dokumente[205] legte er seinen besagten Kolonisationsaufruf bei und versandte beides an mögliche Interessenten, Unterstützer und Pressevertreter im In- und Ausland.[206]

204 Eine Kopie der Schrift *Warrekauri* befindet sich im StAHH, 622–1/90 Sieveking, E 25, Bd. 1, S. 1–51; vgl. Ustorf 1983, S. 27.

205 Die Schrift enthält neben Karten der Inseln (deren Maßstab sie sehr viel größer erscheinen ließ als sie waren) einen Bericht über die Entdeckung der Chatham-Inseln durch Vancouver 1791 (S. 3–15), einen Artikel über den Kauf der Chatham-Inseln durch die *New Zealand Company* aus der *Colonial Gazette* vom 25.10.1840 (S. 15–16), eine Beschreibung der Inseln von Ernst Dieffenbach (S. 17–37) sowie den Bericht des Agenten Hanson an die Direktoren der *New Zealand Company* über seinen Aufenthalt auf den Chatham-Inseln und deren Kauf (S. 38–51).

206 Eine Kopie des Aufsatzes mit dem Titel »Die Deutsche Antipoden-Colonie« befindet sich im StAHH, 622–1/90 Sieveking, E 25, Bd. 1, S. 11–14 sowie bei Gründer 1999, S. 32–35 und Ustorf 1983, S. 35–39; der Text wurde komplett oder in Auszügen auch in verschiedenen deutschen und internationalen Zeitungen abgedruckt, wie unter anderem in der *Börsen-Halle, Hamburgische Abendzeitung* (Nr. 9178, 25.12.1841), der *Staats und Gelehrte Zeitung des Hamburgischen unpartheyischen Correspondenten* (Nr. 302, 22.12.1841), der *Rheinischen Zeitung* (Beiblatt zu Nr. 18, 18.01.1842), der *Allgemeinen Preußischen Staats-Zeitung* (Nr. 356, 24.12.1841) und der britischen *Colonial Gazette* (29.12.1841).

Zudem basieren die folgenden Ausführungen auf einer Publikation[207] des späteren Auswanderungsagenten John N. Beit, der im Dezember 1841 auf Eigeninitiative in das Sieveking'sche Projekt eingestiegen war und als Initiator und Leiter des Alternativunternehmens später eine zentrale Position einnahm. Im Februar 1842 veröffentlicht, als sich das provisorische Komitee der *Deutschen Colonisationsgesellschaft* bereits konstituiert hatte, richtete sich die Werbeschrift Beits vor allem an interessierte AuswanderInnen und InvestorInnen. Inhaltlich nahm er die Argumentationen Sievekings auf und ergänzte sie durch weitere Informationen aus Berichten über die Chatham-Inseln und seine eigenen Gedanken.

3.3.1. Annahmen über die siedlungstechnischen Vorzüge der Inseln

Nachdem Sieveking in seinem Aufruf zur Kolonisation der Chatham-Inseln einige Informationen zur Lage und Geschichte der Inselgruppe anführt, beginnt er mit einer Aufzählung ihrer geographischen, geologischen und ökonomischen Vorzüge gegenüber anderen möglichen Siedlungsgebieten. So sei dort für die geplante deutsche Kolonie eine ausreichende Quantität von Ackerfläche vorhanden, die sich für den Anbau von Getreide, Kartoffeln und auch Wein bestens eigne. Zudem wachse auf der Inselgruppe reichlich neuseeländischer Flachs sowie Ölbäume und Myrthe.[208] Beit zufolge würde der Boden der Chatham-Inseln »von den Eingeborenen dem von Neu Seeland vorgezogen [...]; sie erlangen jährlich zwei Aerndten Kartoffeln, welche für besser als alle andern gehalten und von den Colonisten auf Neu Seeland und Australien zur Saat gekauft werden.«[209]

Zudem weist er wie Sieveking auf einen »unerschöpflichen Überfluss« neuseeländischen Flachses hin, der allein einer ansehnlichen Bevölkerung Beschäftigung und Erwerb sichern könne, sowie Farnkräuter in »luxurirender Menge«[210] und die Möglichkeit, dort alle

[207] Beit, John N. (1842), *Auswanderung und Colonisation; mit besonderem Hinblick auf die von der Deutschen Colonisations-Gesellschaft beabsichtigte Begründung ihrer ersten Kolonie auf den Chatham-Inseln [...]*, Hamburg.

[208] Vgl. Sieveking, Karl (1841), »Die Deutsche Antipoden-Colonie«, StAHH, 622–1/90 Sieveking, E 25, Bd. 1, S. 12.

[209] Beit 1842a, S. 24.

[210] Ebd., S. 24–25. Zur Bekräftigung seiner Aussagen berichtet er von hervorragenden Weizen- und Haferproben der Chatham-Inseln und von in den Gärten der Missionare vor Ort gedeihenden Pfirsichen, Melonen, Orangen, Feigen und Tabakpflanzen. Vgl. ebd., S. 25–26.

europäischen Getreidearten, Früchte, Ölbäume und Wein zu kultivieren.

Über die vorhandenen Rohstoffe weiß Beit zu berichten, dass neben ausreichenden Mengen an Holz – wenn auch in geringeren Mengen als in Neuseeland, wodurch die Nutzbarmachung des Bodens erleichtert würde – sowie Torf und Kohle als Brennmaterialien auch Lehm, Kalk und Schiefer zur Errichtung solider Gebäude verfügbar seien.[211]

Beit war der Ansicht, dass die klimatischen Bedingungen in tropischen Ländern dem Wohlergehen deutscher AnsiedlerInnen schadeten und zu einer schwachen Gesundheit und gesteigerten Mortalität der dort aufwachsenden Nachkommen führten.[212] Beide Autoren beschreiben das maritime Klima der Inselgruppe dagegen als gemäßigt. Es sei milder und konstanter als auf dem neuseeländischen Festland.[213] Nach Sieveking gäbe es aufgrund der gemäßigten Winter sogar »der Hoffnung Raum, bey den Antipoden der Provence selbst die Orange zu durchwintern.«[214]

Beit preist auch die Fruchtbarkeit der Fauna vor Ort; so vermehrten sich Hühner und Schafe im Vergleich zu Europa überproportional schnell und die Inseln seien reich an unterschiedlichen Fischarten sowie Tauben, Enten und anderen Vögeln.[215] Als besonderen Vorzug der Chathams nennen Sieveking und Beit die lukrativen Möglichkeiten, die der Walfang, besonders von Pottwalen und dem »schwarzen Wallfisch«[216], den KolonistInnen biete. Ein Blick auf England, das dieses Gewinn versprechende Geschäftsfeld fast ausschließlich seinen ozeanischen Kolonien überlassen hätte, zeige die Vorteile einer permanenten Siedlung in den walreichen Gewässern um die Chatham-Inseln.[217]

Die günstige geographische Lage der Inseln und des geschützten Hafens an der Westküste der Hauptinsel eröffneten nach Sieveking auch die Aussicht auf hohe Profite im Handel tropischer Produkte mit vorbeifahrenden Schiffen:

[211] Vgl. ebd., S. 25, 27–28.
[212] Vgl. ebd., S. 14.
[213] Vgl. ebd., S. 23–24; Sieveking 1841, S. 12.
[214] Ebd., S. 12.
[215] Vgl. Beit 1842a, S. 26–27.
[216] Sieveking 1841, S. 12. Gemeint ist wahrscheinlich der Südliche Glattwal oder Südkaper (engl. Southern Right Whale), der auch als *Black Right Whale* bezeichnet wurde. Vgl. »Südkaper« (zuletzt geändert am 06.11.2007), http://www.wale.info/Südkaper, zuletzt aufgerufen am 18.03.2014.
[217] Vgl. Beit 1842a, S. 26; Sieveking 1841, S. 12.

Warum sollten nicht Schiffe von dort aus, diese zum Theil für den Markt von Manilla, von Canton, von Batavia und Singapore geeigneten Erzeugnisse auf der Rückfahrt nach Europa mit östlichem Monsun gegen die auf Europäischen Märkten gangbaren Chinas und der Indischen Inseln zu vertauschen?[218]

Schon jetzt legten nach Beit über einhundert Schiffe jährlich auf den Chatham-Inseln an, um sich mit Proviant zu versorgen. Zudem sei zu erwarten, dass dort eine Station der königlichen Dampfbootslinie eingerichtet werde und sich ein »reghafter und einträglicher Handelsverkehr« auf der Route zwischen Panama und der Cook Straße entwickle.[219]

Sieveking beschreibt die auf den Chatham-Inseln lebenden Māori als »bildungsfähigeren braunen Menschenstamm« mit einer »wohlklingenden« Sprache.[220] Beit äußert die Ansicht, dass sie »mit Ungeduld die Ankunft Europäischer Ansiedler« erwarteten, von denen sie hofften, »mit den Bedürfnissen versehen zu werden, die sie durch den Verkehr mit häufig dort anlegenden Schiffen haben kennen und schätzen gelernt.«[221]

In der Tradition europäischer Auswanderungsagenten priesen Sieveking und Beit die günstigen Siedlungsverhältnisse im zukünftigen deutschen Kolonialgebiet im Südpazifik in den höchsten Tönen. Schenkt man den Schilderungen Glauben, so erwartete die KolonistInnen auf den Chatham-Inseln eine fruchtbare Oase mit reichhaltiger Flora und Fauna, idealen Bodenverhältnissen und profitablen Verdienstmöglichkeiten. Und die Beschreibung des wissbegierigen »Eingeborenen«, der die Ankunft der sich auf zivilisatorischer Mission befindlichen Europäer kaum abwarten kann, um sich zu modernisieren und anzupassen, weist eindeutige Parallelen zu dem von europäischen Reisenden und Lehnstuhl-Ethnologen konstruierten Stereotyp des »edlen Wilden« auf.

Beide Autoren werben für die scheinbar bekannte und vertraute Inselgruppe, ohne selbst je dort gewesen zu sein. Sie konnten sich dabei fast ausschließlich auf die von der *New Zealand Company* zur Verfügung gestellten Informationen berufen sowie auf Berichte von meist ebenfalls im Auftrag der Siedlungsgesellschaft handelnden Besuchern wie Hanson. Sieveking versicherte zwar an anderer Stelle, alle Do-

[218] Ebd., S. 13.
[219] Beit 1842a, S. 28.
[220] Sieveking 1841, S. 14.
[221] Beit 1842a, S. 23.

kumente mit Informationen über die Inselgruppe seien ihm von der *New Zealand Company* »mit unbeschränktem Vertrauen im Original mitgeteilt«[222] worden, in seinem Aufsatz setzt er jedoch die Glaubwürdigkeit der von ihm verwendeten Quellen – die er nicht namentlich nennt – unkommentiert voraus. Beit versucht in einigem Detail, die Aufrichtigkeit seiner Darstellung zu belegen. So habe er seit einigen Jahren die Berichte von Autoren, welche die Inseln selbst besucht hätten, »mit den Aussagen der vielen verhörten Zeugen und mit den amtlichen Berichten verglichen und geprüft« und »durch persönliche, forschende Erkundigungen«[223] bei seiner Meinung nach glaubwürdigen KolonistInnen ergänzt. Schließlich nennt Beit als angebliche Garantie für die Integrität seiner eigenen Aussagen die Absicht, mit seiner großen Familie selbst dorthin auszuwandern und mögliche Schwierigkeiten vor Ort durchzustehen, um in den Genuss der oben beschriebenen Vorteile der Inseln zu gelangen.[224]

Beide Autoren ignorierten negative Aspekte über die Inseln, wie Dieffenbach sie beispielsweise in seinem Bericht anführte. So stellte dieser eher die mangelhafte Fruchtbarkeit der Böden in den Vordergrund und bezweifelte, dass die Inseln eine größere Bevölkerung ernähren könnten.[225] Zudem kritisierte er, die Karten der *New Zealand Company* seien ungenau und ließen die Inselgruppe viel größer erscheinen, als sie in Wirklichkeit seien. Durch einen großen Binnensee stünden auf der Hauptinsel maximal 100 000 Acre (circa 40 500 Hektar und damit nur etwa ein Drittel der von Hanson vermuteten Fläche) brauchbares Acker- und Weideland zur Verfügung, so dass es unklug sei, sich auf die Landspekulation der *New Zealand Company* einzulassen.[226]

3.3.2. Zielsetzungen und Motive

Sieveking eröffnet seine Werbeschrift mit einer Kritik an der als Folge des Pauperismus zu beobachtenden Zerstückelung von Grundeigentum in vielen Teilen Deutschlands. Darin sieht er den Hauptgrund für die massenhafte und von der Regierung nicht zu verhindernde

[222] H. Sieveking 1928, S. 512.
[223] Beit 1842a, S. V.
[224] Vgl. ebd., S. VI.
[225] Vgl. Berry 1964, S. 13; Richards 1993, S. 46.
[226] Vgl. H. Sieveking 1928, S. 523. Auch das von dem Geographen Ritter angefertigte Kartenmaterial deutet auf eine viel kleinere Inselgruppe hin, als von der *New Zealand Company* propagiert. Vgl. ebd., S. 528.

»Auswanderung roher Arbeitskräfte« aus den deutschen Gebieten. Diese Auswandererströme »nicht blos zur Verpflanzung, sondern zu maritimer Wechselanregung Deutscher Volkseigenthümlichkeit zu vereinigen«, sei sein erklärtes Ziel, wozu es seiner Ansicht nach nur »Land und Muth« bedürfe.[227]

Wie schon in seinen Beobachtungen zum Schicksal deutscher AuswanderInnen in Brasilien ist hier der Einfluss der Thesen von Gagerns und Lists auf die Haltung des Syndikus zu erkennen. So betrachtet Sieveking Auswanderung als ein durch staatliche Regulation nicht zu verhinderndes Phänomen und fordert die Zentrierung deutscher Auswandererströme im Ausland zum Zweck der Erhaltung ihrer gemeinsamen Kultur und ihrer wirtschaftlichen Aufbauleistung. Auch Beit beschäftigt der ökonomische Verlust durch die Abwanderung von Arbeitskräften und er übt darüber hinaus scharfe Kritik an der mangelnden Unterstützung für deutsche AuswanderInnen in fremden Kolonien:

> *Mit einem Worte, wir geben unsere Auswanderer der Gefahr preis, dass sie, ihre letzte Haabe opfernd, durch Mangel und Elend im ersten Jahre mehr als decimirt werden, und überlassen die nützliche Verwendung der Arbeitskräfte der Ueberlebenden, fremden, oft nicht sehr humanen Speculanten.*[228]

In der Gründung eigener Kolonien sieht Beit das praktische Mittel zur Verminderung dieser Missstände und zur Absicherung der Zukunft der AuswanderInnen.[229]

Die Antipodenkolonie sollte ökonomisch entlang hanseatischer Freihandelsprinzipien organisiert sein. Dadurch wollte Sieveking möglichst viele Handelsschiffe in die Häfen der Inseln locken und die Chatham-Inseln zu einem Umschlagplatz für Waren aus dem asiatischen und pazifischen Raum ausbauen. Einerseits sollte so der Hamburger Überseehandel intensiviert werden. Andererseits hoffte er auf finanzielle Profite für die *Deutsche Colonisationsgesellschaft* durch Handelsbeteiligungen.[230] Außerdem glaubte Sieveking, dass so das Drängen des Zollvereins auf den Beitritt der Hansestädte ein wenig gemildert werden könnte, da dieser von einem Freihafen in der Südsee auch ohne die Inkorporation der drei Städte profitieren könne.[231]

[227] Sieveking 1841, S. 11.
[228] Beit 1842a, S. 2.
[229] Vgl. ebd., S. 3.
[230] Vgl. Sieveking 1841, S. 13–14; H. Sieveking 1928, S. 505.
[231] Vgl. ebd., S. 505. In diesem Zusammenhang kritisierte Sieveking die protektionis-

Zudem lagen dem Hamburger Kolonialvorhaben auch patriotische und nationalistische Motive zugrunde. Nach Ustorf hatte die Möglichkeit, die Chatham-Inseln von der *New Zealand Company* zu kaufen, in Kombination mit seiner Begeisterung für die Wakefield'schen Theorien, bei Sieveking auch die Hoffnung auf »nationale Ehre«[232] geweckt. »Patriotische Sehnsüchte« und »romantische Ergriffenheit« seien zentrale Antriebskräfte für die Planung der »Deutschen Antipodenkolonie«[233] gewesen.

Sieveking glaubte, dass den bereits in vielen deutschen Staaten als Ideen oder Phantasien existierenden Kolonialplänen nun endlich praktische Gestaltung verliehen werden müsste und war überzeugt, dass nur die Hansestädte aufgrund ihrer Kenntnis der überseeischen Verhältnisse dazu befähigt seien, deutsche Kolonialpolitik zu initiieren.[234] Er vermutete, dass die in Relation zu den deutschen Hansestädten antipodische Lage der Chatham-Inseln sie aufgrund des ähnlichen Klimas für die Ansiedlung deutscher AuswanderInnen prädestiniere.[235] Dort wollte er eine deutsche Überseekolonie gründen, in der verschiedene Staaten des Deutschen Bundes unter der Leitung Hamburgs gemeinschaftlich agieren und als deutsche Kolonialmacht praktische Erfahrungen sammeln könnten. In eigenen Worten bestand seine Absicht darin, den

> *Durst des deutschen Binnenlandes nach dem Seewasser zu stillen und den patriotischen Belleitäten der Allgemeinen Zeitung in der entlegensten Rekognoszirungsstation einen praktischen Anknüpfungspunkt darzubieten. [...] Möchten alle guten Gedanken, die Deutschland in der Geburt erstickt, bei den Antipoden zu freier Entwicklung gedeihen!*[236]

Dass die Chatham-Inseln als eine Art Testgebiet für die Erprobung kolonialpolitischen Talents der deutschen Staaten dienen sollten, wird auch in den folgenden von H. Sieveking zitierten Aussagen des Syndikus deutlich:

tische Haltung anderer europäischer Großmächte, welche die freie Entfaltung ihrer Kolonien durch die Implementierung von Handelsgesetzgebungen hemmten. Stattdessen berief er sich bei der Planung seiner Antipodenkolonie auf das Vorbild der *póleis* des griechischen Altertums, die relative Freiheit vom Mutterland genossen hätten. Vgl. ebd., S. 520.

232 Ustorf 1983, S. 25.

233 Ebd., S. 26.

234 Vgl. Coppius 1905, S. 41; H. Sieveking 1896, S. 151, 158.

235 Vgl. Schramm 1950, S. 80.

236 Sieveking am 08.12.1841 an Humboldt, zit. nach H. Sieveking 1896, S. 162.

Deutschland hat die Kunst der Kolonisation noch zu lernen. Der Kaufpreis der Chatham-Inseln ist das Lehrgeld für jene Kunst, in welcher die neuseeländische Gesellschaft den Vorsprung vor allen ähnlichen Gesellschaften gewonnen hat. Gelingt es, nach ihrem Beispiel auch in kleinerem Maßstabe das Gleichgewicht zwischen Land, Arbeit und Kapital herzustellen, so wird es erst an der Zeit sein, das praktisch erprobte Gesetz [das Wakefield'sche, Anm. H. Sieveking] dem Statut [der Kolonialgesellschaft, Anm. H. Sieveking] einzuverleiben.[237]

Die patriotisch-nationalistische Ausrichtung des Chatham-Plans betont auch Coppius, indem er vermerkt, Sieveking habe seinem Vaterland zu Kolonien verhelfen wollen, »um auf diese Weise unserem Volkstum in fernen Gegenden eine Heimat zu schaffen und deutscher Sprache und deutschem Wesen einen entscheidenden Anteil bei der Verteilung der Welt zu sichern.«[238]

Noch bevor das erste Schiff unter einer deutschen Flagge die Chatham-Inseln erreichte, hatte Sieveking bereits größere und bedeutendere koloniale Ambitionen im Sinn. Zunächst hätten umfangreiche Nachforschungen nach einem geeigneten Siedlungsgebiet mit gemäßigtem Klima den Gedanken angeregt, durch die Erwerbung einer »isolirten, ausschliesslich Deutschem Einfluss überlassenen oceanischen Station« den Prozess einer »nationalen Entwicklung« der Kolonie einzuleiten. Von dort aus könnten Handelsbeziehungen mit anderen Kolonialmächten angeknüpft werden und sukzessiv würde eine »Deutsche Colonisationsgesellschaft befähigt werden, allmälig den Faden der Auswanderung wie das Gewebe der Spinne über einen der Grösse des Deutschen Volkes angemessenen Raum zu verbreiten.«[239]

Dieser viel zitierte Ausspruch Sievekings[240] zeigt deutlich, dass die Kolonisierung der Chatham-Inseln nur den Anfang bilden sollte und dem Syndikus ein weit verzweigtes Netz deutscher Kolonien in Übersee vorschwebte. Von den Chathams aus könne zunächst der polynesische Raum erkundet und von einer für einen späteren Zeitpunkt geplanten *Allgemeinen Deutschen Colonisationsgesellschaft* be-

[237] Sieveking am 11.12.1841 an einen unbekannten Adressaten, zit. nach H. Sieveking 1928, S. 520.

[238] Coppius 1905, S. 40.

[239] Sieveking 1841, S. 11; vgl. Ustorf 1983, S. 33.

[240] Vgl. Coppius 1905, S. 40; Moltmann 1989, S. 65; Schramm 1950, S. 79; H. Sieveking 1896, S. 157; Washausen 1968, S. 12.

siedelt werden. Anschließend beabsichtigte er, einen Faden von über die ganze Erde verteilten deutschen Ansiedlungen zu spannen.[241] So war Sieveking nicht nur davon überzeugt, dass seine Antipodenkolonie wie geplant zustande kommen würde, sondern zeichnete bereits das Bild einer geeinten und mächtigen deutschen Kolonialmacht, die »dem Deutschen Volk« einen »angemessenen Raum« erobern würde. Angesichts der politischen wie wirtschaftlichen Schwäche und Uneinheitlichkeit des Deutschen Bundes schuf Sieveking damit eine deutsche Großmachtphantasie, die in den frühen 1840er Jahren noch jeder realistischen Grundlage entbehrte.

Wirtschaftspolitisch sah der Syndikus im Rahmen des Chatham-Projekts die Chance, seine 1836 erstmals artikulierte Idee der »Deutschen Schiffahrtshanse« unter dem Namen »Deutsche Admiralität« nun endlich in die Praxis umzusetzen.[242] Durch diese staatsübergreifende Schifffahrtsvereinigung, welche die politische Verwaltung der Kolonie übernehmen sollte, wollte Sieveking der politischen und ökonomischen Dominanz des Zollvereins im deutschen Raum entgegenwirken und die Unabhängigkeit der Hansestädte stärken. Er beabsichtigte jedoch auch, die Mitglieder des Zollvereins zu involvieren, um der politischen Trägheit der Entscheidungsfindung im Deutschen Bund Rechnung zu tragen. Washausen weist zu Recht darauf hin, dass diese Form der Zusammenarbeit nicht realisierbar gewesen sei, da der Zollverein wahrscheinlich den Beitritt der Hansestädte gefordert hätte, die dadurch ihre politische und ökonomische Selbständigkeit verloren hätten.[243]

Schließlich unterstreicht der Syndikus in seinem Kolonisationsaufruf die Aspekte der Erweiterung geographischer Kenntnisse und der Verbreitung christlicher Bildung in Übersee. So beabsichtigte er, »das heilige Feuer deutscher und christlicher Bildung [...] aus dem vaterländischen Prytaneum in weiteste Fernen zu verpflanzen. Die geistige Welteroberung bedarf nur einer geringen materiellen Grundlage.«[244]

Aufgrund der hohen »Bildungsfähigkeit« der auf den Inseln lebenden Māori und ihrer »wohlklingenden Sprache« seien die Voraussetzungen für Missionsarbeit günstig: »Deutsche Missions-Colonien würden somit sowohl der Lage als der Sprache wegen für die Civili-

[241] Vgl. Schramm 1950, S. 79–80; Ustorf 1983, S. 33; Washausen 1968, S. 12.
[242] Vgl. H. Sieveking 1928, S. 499.
[243] Vgl. Washausen 1968, S. 13.
[244] Karl Sieveking, unbekannte Quelle, zit. nach H. Sieveking 1896, S. 163.

sation Polynesiens keine passendere Metropole wählen können, als die Deutsche Antipoden-Insel.«[245]

3.3.3. Praktische Organisation der geplanten Kolonie

Bereits vor dem Abschluss des Vorvertrags mit Ward begann Sieveking, ein praktisches Programm für den Aufbau einer deutschen Kolonie auf den Chatham-Inseln auszuarbeiten. Dies geht aus einem Brief an den hanseatischen Gesandten in Berlin César Godeffroy vom 15. Mai 1841 hervor, in dem er seinem alten Freund schreibt:

> *Wie wäre es, wenn sich eine Gesellschaft bildete, welche diese Inseln unter Hanseatischer Souveränität kaufte, um über die Colonisation derselben mit andern deutschen Staaten Verträge abzuschließen? Nach dem Muster der Neu-Seeländischen Compagnie würde man [...] die am besten geeignete Lage auswählen, einen Gouverneur mit einer kleinen bewaffneten Macht, dem Kern einer Landwehr der Colonie, zur Vorbereitung für ihre Aufnahme dahin schicken, mit jeder Section in der Stadt eine größere zum Gartenbau, eine entferntere zum Ackerbau geeignete zugleich, letztere zu einem festen Preise von £ 1 in der Absicht veräußern, den ganzen Ertrag zu unentgeltlicher Überschiffung aus dem freiwilligen Andrang sorgfältig ausgewählter deutscher Auswanderer zu verwenden.*[246]

Wie auch im Kontext einer möglichen deutschen Kolonie in Port Natal oder Südamerika nennt Sieveking hier den Aspekt einer Gesellschaft, welche die Ansiedlung organisieren soll, sowie die Idee einer freien Überfahrt nach Wakefield'schem Vorbild. Zudem äußert er den Plan, einen Gouverneur und eine bewaffnete Einheit als Basis einer zukünftigen militärischen Verteidigung der Kolonie auf die Inseln zu senden und schlägt vor, einen festen Preis für den Verkauf von zur landwirtschaftlichen Nutzung vorgesehenen Landstücken an die AuswanderInnen festzusetzen. Im Folgenden werden diese und weitere Ideen für den Aufbau und die konkrete Gestaltung der Antipodenkolonie genauer erläutert.

Die Verwaltung der Kolonie sollte von zwei verschiedenen Organen übernommen werden: Auf politischer Ebene würden in der oben

[245] Sieveking 1841, S. 14.
[246] Sieveking am 15.05.1841 an Godeffroy, zit. nach H. Sieveking 1928, S. 500.

genannten »Deutschen Admiralität« VertreterInnen der Hansestädte, der Mitgliedsstaaten des Zollvereins und anderer deutscher Staaten in Hamburg in einem Kongress zusammentreten und gemeinsam die Hoheitsrechte über die zu gründende Kolonialgemeinschaft ausüben. Zu diesem Zweck sollten die Senate der Hansestädte die Inseln offiziell erwerben und der »Deutschen Admiralität« übertragen. Anschließend würde diese einen Gouverneur als Repräsentant der Kolonie ernennen, die Inseln durch eine bewaffnete Flotte in Besitz nehmen lassen und dem Besiedlungsvorhaben den nötigen militärischen Schutz gewähren.[247]

Die Finanzierung des Unternehmens würde die intendierte *Deutsche Colonisationsgesellschaft* übernehmen, deren Mitglieder als Aktienzeichner das nötige Kapital für den Kaufpreis, für die Erschließung der Inseln und »für eine gänzlich freie Ueberfahrt von 5 000 Ansiedlern der arbeitenden Classe, Handwerker und Ackerbauer unter 30 Jahren«[248] aufbringen sollten. Sievekings Kalkulationen ergaben, dass für die Deckung der angenommenen Kosten zunächst 500 Grundeigentümer benötigt würden, die für je 2 000 preußische Thaler eine Sektion von 201 Acre (circa 81 Hektar) kauften, wovon jeweils die Hälfte in Form von Aktien beglichen werden sollte.[249]

Durch den Verkauf und die Besteuerung von weiteren 140 Landsektionen, welche die *Deutsche Colonisationsgesellschaft* zunächst zurückhalten wollte, sollte den Aktionären das investierte Kapital nach der Gründung der Kolonie als Dividende ausgezahlt werden.[250] Eine in den Archivbeständen der Familie Sieveking enthaltene hochgerechnete Bilanz prognostiziert schon für die Jahre 1844–45 eine erste Gewinnausschüttung an die Aktionäre.[251]

Eine weitere Einnahmequelle sollte sich für die *Deutsche Colonisationsgesellschaft* aus der Beteiligung am pazifischen Handel ergeben.

[247] Vgl. H. Sieveking 1896, S. 163; H. Sieveking 1928, S. 503–504; Ustorf 1983, S. 26; Washausen 1968, S. 13.

[248] »Entwurf zu der hanseatischen Colonie auf Warrekauri auf dem Muster von Nelson auf Neuseeland«, StAHH, 622–1/90 Sieveking, E 25, Bd. 1, S. 68.

[249] Vgl. ebd., S. 67.

[250] Vgl. ebd., S. 68; Ustorf 1983, S. 26, 28. Insgesamt sollten 50 Prozent der Landeinnahmen zur Finanzierung der Überfahrten weiterer AuswanderInnen, 25 Prozent für Landvermessungen und den Aufbau von Infrastruktur, 10 Prozent für kulturelle Zwecke, besonders den Aufbau von Schulen und Kirchen, und der Rest für die Administration der Kolonie, den Schuldenabgleich und die Auszahlung von Dividenden verwendet werden. Vgl. Richards 1993, S. 49.

[251] Vgl. StAHH, 622–1/90 Sieveking, E 25, Bd. 1.

Durch die Bedürfnisse der deutschen SiedlerInnen auf den Chatham-Inseln würde die Fracht einer monatlichen Paketfahrt aus den deutschen Häfen dorthin gesichert sein, »während sich dem kaufmännischen Unternehmungsgeist für die Rückfracht [...] die mannigfaltigsten Aussichten eröffnen.«[252]

Als Zwischenstationen der Handelsroute nahm Sieveking das südliche Amerika in den Blick, auf dem Hinweg insbesondere Brasilien und auf der Fahrt zurück Chile. Dorthin hatte er bereits Verbindungen und schon Ideen, wen er als mögliche Agenten anstellen könne.[253] Durch regelmäßige Passagen sollten zudem die auf der Inselgruppe erhofften Rohstoffe (zum Beispiel Flachs und Walfangprodukte) in die deutschen Staaten gelangen.

Sieveking wollte auf den Chatham-Inseln eine Kolonie auf der Basis der Siedlungstheorie Edward G. Wakefields gründen. Er hatte die Schriften Wakefields gelesen und bewunderte seine Ideen zur Regulation des sozioökonomischen Gleichgewichts in Kolonialgesellschaften durch systematische Kolonisation. Sieveking hoffte, die Erfolge des Wakefield'schen Systems in Australien und Neuseeland, das er schon den südamerikanischen Konsuln in seinem Schreiben empfohlen hatte, auch für Deutschland nutzbar zu machen.[254] In einem Brief an Godeffroy schreibt er gar von einer geplanten »Germanisierung des Wakefield'schen Systems«[255].

An den Hamburger Konsul Thalwitzer fasste Sieveking die Grundsätze der Kolonisationstheorie als den »Verkauf der Staatsländereien zu einem festen Preise in Verbindung mit einer Besteuerung des Grundbesitzes und Verwendung der gesamten daraus erwachsenen Einnahme zur Bezahlung der freien Überfahrt von Ansiedlern«[256] zusammen.

Der Wakefield'sche Grundsatz des »sufficient price« zur Schaffung eines ausgeglichenen Verhältnisses von Land, Arbeit und Kapital sollte auch auf den Chatham-Inseln Anwendung finden. Er wurde, wie bereits erwähnt, zunächst auf 2 000 preußische Thaler pro Landsektion (bestehend aus Stadtland, einer gartenbaulich und einer landwirtschaftlich nutzbaren Fläche) festgelegt. Während die Grundeigentümer oder ihre Agenten als zahlende Passagiere auf die Chatham-Inseln gelangen würden, sollte den bis zu 5 000 auswandernden KolonistInnen

[252] Sieveking 1841, S. 13.
[253] Vgl. H. Sieveking 1928, S. 520.
[254] Vgl. H. Sieveking 1896, S. 151.
[255] Sieveking am 19.02.1842 an Godeffroy, zit. nach H. Sieveking 1928, S. 527.
[256] Sieveking am 07.04.1841 an Thalwitzer, zit. nach ebd., S. 493.

der arbeitenden Klassen eine freie Überfahrt ermöglicht werden. Zwar würde der hohe Preis der Landstücke die SiedlerInnen zunächst daran hindern, selbst zu LandbesitzerInnen zu werden; im Sinne Wakefields sollte ihnen der soziale Aufstieg jedoch nicht dauerhaft verwehrt bleiben und ihnen würde nach einer gewissen Zeit die ökonomische Unabhängigkeit in Aussicht gestellt werden.[257]

Beit sieht in der Möglichkeit einer unentgeltlichen Überfahrt eindeutige Vorzüge besonders für Handwerker und »alle die, welche mit ihrer eignen Hände Arbeit ihr Brod erwerben«[258]. Für einen gewöhnlichen Arbeiter sei ein Jahresverdienst von 100 Thalern (für seine Frau weitere 60 bis 80 Thaler) und für einen Handwerker zwischen 400 und 600 Thalern zu erwarten, von dem durch die freie Passage nur noch die Kosten für Unterkunft und Verpflegung zu decken seien.[259] Als scheinbare Garantie für konstant hohe Löhne führt Beit die Vermutung an, dass der Preis von einem Bushel[260] Weizen nie unter 6 Shilling bzw. ein Scheffel unter 5⅔ Thaler fallen werde, die Nachfrage nach Getreide und Flachs ständig gesichert sei und sich bei Engpässen in den britischen Nachbarkolonien stark erhöhen würde.[261]

Durch die Verwendung von zehn Prozent der Gesamteinnahmen der *Deutschen Colonisationsgesellschaft* für die Errichtung und Erhaltung von Schulen und Kirchen sollte für die Bildung und geistliche Seelsorge der KolonistInnen gesorgt werden. Schon in wenigen Jahren könnten nach Beit Lehrer und Professoren auf den Inseln eine hohe soziale Stellung erreichen. Es sei zu erwarten, dass »Europäer in den südlichen Tropenländern, als Batavia, Singapore, selbst von China, Calcutta und

[257] Ustorf nennt eine zwanzigjährige Sparzeit, nach der die KolonistInnen, kontrolliert durch so genannte Territorialvereine, Volksaktien erlangen und zu GrundbesitzerInnen werden könnten. Vgl. Ustorf 1983, S. 29, 33.

[258] Beit 1842a, S. 29.

[259] Vgl. ebd., S. 29. Zum Vergleich errechnete Arno Pekiser für das Vogtland vor den Toren Berlins für die 1840er Jahre ein unter dem Existenzminimum liegendes, durchschnittliches Monatseinkommen eines 4,5-Personenhaushalts von 7 Thalern. Vgl. Pekiser, Arno (1987), *Funktion der städtischen Armendirektion des Berliner Magistrats in der ersten Hälfte des 19. Jahrhunderts*, Diss. masch. der Humboldt-Universität Berlin, Berlin, S. 182. Die hier genannten Zahlen sind mit Vorsicht zu betrachten, da der Lebensunterhalt in den vormärzlichen deutschen Staaten je nach Region und Lebensstil schwankte.

[260] Noch heute in den USA vor allem für Weizen verwendetes Hohl- oder Raummaß. Das hier gemeinte britische Bushel entspricht etwa 36,35 Litern. Vgl. »Münzen, Maße und Gewichte (Übersicht)« (1935), in: *Der Volks-Brockhaus*, 3., überarb. Auflage, Leipzig, S. 464.

[261] Vgl. Beit 1842a, S. 31–32.

Bombay der Gesundheit und der Erziehung halber ihre Kinder hierher schicken werden«[262], so dass bald auch Mitglieder der gebildeten Schichten wie Theologen, Mediziner, Rechtsgelehrte und andere dort ihr Auskommen finden würden. Auch den Māori prophezeit Beit eine wohlhabende Zukunft, so dass sie bald ebenso »Belehrung, Vertretung und Hülfsleistungen bedürfen.«[263]

Die ungeklärte Frage nach der Souveränität über die Chatham-Inseln, die für das Gelingen des Unternehmens unumgänglich war, erwähnt Beit in seinem Buch mit keinem Wort. Stattdessen setzt er unausgesprochen voraus, dass der deutschen Kolonisierung der Inseln keine rechtlichen Barrieren im Wege standen. Sieveking verschweigt nicht, dass die britische Krone den Besitz der Inselgruppe für sich beanspruchen könnte, er erwähnt jedoch auch nicht, dass das Gelingen des Plans wahrscheinlich von der Zustimmung Großbritanniens abhängig sein würde. Stattdessen stellt er einem möglichen britischen Anspruch auf die Inseln die hohen Erfolgsaussichten seiner diplomatischen Verhandlungen mit der *New Zealand Company* gegenüber:

> *Kann indess auch die Brittische Krone auf Broughtons Entdeckung und spätere Occupation einen Anspruch an die Hoheit über dieselbe gründen: so ermangelt doch eine von der Neu-Seeländischen Gesellschaft nachdrücklich unterstützte, diplomatisch vertretene Verhandlung über eine die Erhaltung Deutscher Nationalität sichernde Uebereinkunft keineswegs gegründeter Aussicht auf Erfolg.*[264]

Hier wird Sievekings ambivalente Einstellung hinsichtlich der Souveränitätsfrage deutlich. Einerseits hegte er Zweifel an der Versicherung der *New Zealand Company*, die Inseln seien nicht Teil des Britischen Kolonialreichs und einer Proklamation der Souveränität seitens der Hansestädte stünde nichts im Wege. Andererseits blieb ihm in seiner Position keine andere Möglichkeit, als den zuversichtlichen Beschwörungen Wards zu vertrauen und auf einen guten Ausgang der Verhandlungen zu hoffen.[265]

Zusammenfassend empfiehlt Beit die Chatham-Inseln deutschen AuswanderInnen mit großer Zuversicht als künftiges Siedlungsgebiet, denn hier

[262] Ebd., S. 33.
[263] Ebd., S. 34.
[264] Sieveking 1841, S. 12.
[265] Vgl. ebd., S. 12.

werden ihnen vollkommene politische und bürgerliche Rechte, und unbedingte Religions-Freiheit gesichert, hier bleiben sie unter ihren Landsleuten, in steter Verbindung mit ihrem Vaterlande, und haben eine kostenfreie Ueberfahrt mit einer so wohl geordneten und sorgfältigen Verpflegung, dass nur geringes Ungemach der Reise empfunden wird.[266]

Um jedoch in den Genuss dieser Vorteile kommen zu können, müsse jeder seine Eignung zum Kolonisten selbst überprüfen, denn »[e]nergische Thätigkeit, Festigkeit, Entschlossenheit und ein heiteres Gemüth« seien unumgängliche Erfordernisse. Nur durch die »verständige, fleissige und ausdauernde Anwendung vereinter geistiger und körperlicher Kräfte«[267] könne das Projekt realisiert und die Prosperität der »Deutschen Antipodenkolonie« sicher gestellt werden.

Sieveking fordert seine Landsleute am Ende seines Kolonisationsaufrufs zu Zuversicht und Mut auf, um das viel versprechende koloniale Wagnis einzugehen:

Doch um der Volkseigenthümlichkeit, um dem Handel, um der Wissenschaft und der christlichen Bildung Deutschlands diese Stätte zu erwerben, bedarf es der Zuversicht zu dem weltgeschichtlichen Beruf des Deutschen Volks, vor allem aber jenen Muths, welchen die sich zu Anfang einer neuen Laufbahn häufenden Schwierigkeiten zu erproben und zu kräftigen bestimmt sind. Auf ein solches, durch vaterländisches Bewusstseyn getragenes, mutiges Vertrauen macht der Vorschlag Anspruch, die Gründung einer Deutschen Colonisations-Gesellschaft an den Ankauf der Chatham-Inseln zu knüpfen.[268]

Durch diesen Appell verband Sieveking eine angenommene nationale Aufgabe der deutschen Staaten mit einer christlich-zivilisatorischen Berufung und vertrat dadurch eine Vorstellung, die in den Kreisen der deutschen Romantiker wurzelte. Insgesamt schuf der Syndikus das Bild einer harmonischen und erfolgreichen Zukunft auf den deutschen Chatham-Inseln. Zum Erreichen dieses Zustands sei nur eine geringe materielle Grundlage notwendig, die in Kombination mit Mut, Zuversicht und einem Grundvertrauen in »den weltgeschichtlichen Beruf des Deutschen Volkes« zum Ziel führen könnte, so glaubte Sieveking.

[266] Beit 1842a, S. 28–29.
[267] Ebd., S. 34–35.
[268] Sieveking 1841, S. 14.

3.4. Reaktionen in den Hansestädten und anderen deutschen Staaten

Zunächst wollte Sieveking einflussreiche Hanseaten aus Politik und Wirtschaft von seinen Kolonialplänen überzeugen. Die finanzielle und ideelle Unterstützung wichtiger Hamburger Persönlichkeiten sollte dem Unternehmen neben einer ökonomischen Handlungsgrundlage auch eine gewisse Glaubwürdigkeit verleihen, die wiederum Vertreter anderer deutscher Staaten zu einem Engagement ermutigen sollte.[269] Die Hamburger Reeder und Kaufleute versuchte Sieveking vor allem mit ökonomischen Argumenten zu überzeugen. So betonte er die möglichen Profite für die hanseatischen Werften durch den Aufbau einer Kolonisationsflotte, stellte den Reedern der Hansestadt eine regelmäßige Paketfahrt in Aussicht und prognostizierte dem Hamburger Auswanderungsgeschäft einen starken Zuwachs.[270] Doch trotz der scheinbar lukrativen Möglichkeiten, die sich aus einem in Hamburg zentrierten deutschen Kolonisationsvorhaben hätten ergeben können, reagierten die Hamburger Kaufleute in der Mehrheit nüchtern bis skeptisch auf Sievekings Ideen.[271] Womöglich war dies nicht verwunderlich, denn »in ein Unternehmen mit ungesicherter Finanzierung, vagen Gewinnaussichten und ungeregelter staatlicher Beteiligung bei der notwendigen Verwaltung wagten viele nüchtern kalkulierende Kaufleute nicht, ihr Geld hineinzustecken.«[272]

So bemerkte der hanseatische Gesandte Godeffroy bereits am 22. Mai 1841 gegenüber Sieveking, dass man den Behauptungen der *New Zealand Company*, die Inseln seien zur europäischen Besiedlung geeignet, wenig Vertrauen schenken könne, da sich die Gesellschaft der Inselgruppe ja wieder entledigen wolle.[273] Weiter zitiert H. Sieveking einen Dr. Schmidt in Hamburg, der das theoretische Fundament des Chatham-Plans, das Wakefield'sche System, im Januar 1842 scharf

[269] So äußerte der Syndikus im Februar 1842 an Bunsen: »Durch den Beitritt respectabler Vertreter der Interessen des Hamburgischen Capitals, des Hamburgischen Handels und der Hamburgischen Rhederei gewinnt der allerdings etwas gewagte Versuch auf einem ganz neuen Felde die vaterstädtische Wurzelerde, deren Mangel auf meine Absichten ein falsches Licht werfen konnte.« Zit. nach H. Sieveking 1928, S. 527.

[270] Vgl. Ustorf 1983, S. 25, 28.

[271] Vgl. Coppius 1905, S. 42; Schramm 1950, S. 80; H. Sieveking 1896, S. 165; Washausen 1968, S. 13.

[272] Ebd., S. 13.

[273] Vgl. Godeffroy am 22.05.1841 an Sieveking, zit. nach H. Sieveking 1928, S. 500.

angegriffen hatte. Dieses habe Landspekulation befördert, ärmeren AuswanderInnen die Hoffnung auf finanzielle Unabhängigkeit geraubt und die Knechtschaft in die britischen Kolonien verpflanzt. Im Gegensatz zu wohltätig-wirkender Auswanderung, welche die Selbständigkeit der SiedlerInnen zum Ziel habe, sei die praktische Konsequenz aus der Anwendung des Wakefield'schen Systems eine indirekte Sklaverei.[274]

Mit seiner zu Beginn dieser Publikation zitierten Satire mit dem Titel »Warrekauri, die Insel der Glückseligkeit« vereinte der Hamburger Lokaldichter Wilhelm Hocker im Februar 1842 die Kritik vieler HamburgerInnen an den unsicheren geographischen und klimatischen Verhältnissen im »Fabelreich der Antipoden«[275].

Unterstützung erhielt Sieveking dagegen von Dr. Ullrich Hübbe, dem Sekretär des Vereins Lutherischer Missionsfreunde in Hamburg. Auch in der Patriotischen Gesellschaft von 1765, die sich in Hamburg für die uneigennützige Beförderung des Gemeinwesens einsetzte, stießen seine Ideen auf Zustimmung. So stand der Politiker, Jurist und spätere Hamburger Bürgermeister Dr. Gustav Heinrich Kirchenpauer in regem Briefverkehr mit dem Syndikus und schlug in der Sitzung der Gesellschaft am 24. Januar 1841 ein umfassendes Kolonisationsprojekt nach Sievekings Modell vor.[276] Die Norddeutsche Missionsgesellschaft in Hamburg sah auf Warrekauri bereits den Ausgangspunkt einer deutschen Südseemission, die sie nach dem Scheitern des Chatham-Projekts in Neuseeland zu verwirklichen versuchte.[277]

Johann H. Wichern, Begründer der Inneren Mission und Stiftervater des Hamburger *Rauhen Hauses*, erwärmte sich für Sievekings Pläne und verfasste den Entwurf einer Abhandlung mit dem Titel »Warrekauri, das Interesse der Kirche und der Colonisation«. Darin betont er den christlichen Geist der Unternehmung, der seiner Ansicht nach zur Basis der inneren Entwicklung der Kolonie werden sollte. Der Mangel an kirchlicher Einheit im deutschen Protestantismus könne dort durch den Aufbau eines neuen kirchlichen Lebensorganismus ausgeglichen werden. Er plädierte allerdings für eine selbständige Entwicklung der

[274] Vgl. Dr. Schmidt am 03.01.1842 an Sieveking, zit. nach Ustorf 1983, S. 31; vgl. H. Sieveking 1928, S. 524.

[275] Hocker, Wilhelm (1843), *Poetische Schriften*, Kiel, S. 275–279, zit. aus Kopie in StAHH, 622–1/90 Sieveking, E 25, Bd. 1; vgl. H. Sieveking 1896, S. 167; Ustorf 1983, S. 31.

[276] Vgl. H. Sieveking 1928, S. 518.

[277] Vgl. Ustorf 1983, S. 32.

Kirchengemeinde in den Antipoden und richtete sich damit gegen die von Christian C. J. von Bunsen vertretene Idee eines evangelischen Bischofs vor Ort (siehe unten).[278]

Zwar äußerte sich die Hamburger Presse tendenziell wohlwollend zu Sievekings Plänen, ihr Inhalt wurde von einigen Journalisten jedoch auch kritisiert und ihre Erfolgsaussichten in Frage gestellt.[279] So übernahm die Hamburger *Börsenhalle* am 13. Dezember 1841 einen Artikel aus der *Allgemeinen Zeitung*, in dem der Autor die Befürchtung äußerte, England werde

> *die Gesetze über die Erwerbung von Grundeigenthum lassen wie sie sind, die Einwanderung, wenn nicht positiv erschweren, wenigstens nicht begünstigen, und die deutschen Einwanderer selbst vereinzeln, damit ihre Kinder auch der Sprache nach vollständige Engländer werden.*[280]

Die *Hamburger Neue Zeitung* druckte Ende Dezember 1841 zwar zur »Vervollständigung mangelhafter Berichte«[281] Auszüge aus verschiedenen von Sieveking publizierten Berichten über sein Projekt und die Chatham-Inseln, betonte jedoch auch die Abhängigkeit des Unternehmens von der Zustimmung Großbritanniens.[282] Die *Privilegirten wöchentlichen gemeinnützigen Nachrichten*, die sich bis dato eher günstig geäußert hatten, veröffentlichten am 10. Januar 1842 eine auf den Argumenten des oben erwähnten Dr. Schmidt basierende, vernichtende Kritik des Wakefield'schen Systems. In Bezug auf die Eignung der Inseln zur Kolonisation resümiert der Autor pointiert: »Man darf es dreist sagen, die Chatham-Inseln können den Zweck einer vortheilhaften und nachhaltigen Ansiedlung nicht erfüllen. Politisch, moralisch und materiell wäre es ein Fehlgriff, den nichts gut machen könnte.«[283]

278 Vgl. ebd., S. 514ff.; Ustorf 1983, S. 32.

279 Vgl. Coppius 1905, S. 42.

280 *Börsenhalle. Hamburgische Abend-Zeitung für Handel, Schiffahrt und Politik*, 13.12.1841, Nr. 9167, S. 4, StAHH, 622–1/90 Sieveking, E 25, Bd. 6. Damit reagierte sie auf einen Artikel im *Morning Chronicle* über das Zögern der britischen Regierung, der selbständigen Entwicklung eines hanseatisch-deutschen Kolonialvorhabens auf den Chatham-Inseln ohne Vorbehalte zuzustimmen.

281 *Hamburger Neue Zeitung*, 23.12.1841, Nr. 299, S. 3, StAHH, 622–1/90 Sieveking, E 25, Bd. 6.

282 Vgl. ebd., S. 3; *Hamburger Neue Zeitung*, 24.12.1841, Nr. 300, S. 1–2, StAHH, 622–1/90 Sieveking, E 25, Bd. 6.

283 *Privilegirte wöchentliche gemeinnützige Nachrichten von und für Hamburg*, 10.01.1842, Nr. 8, S. 2–3, StAHH, 622–1/90 Sieveking, E 25, Bd. 6.

Ein Fünftel der Aktien der *Deutschen Colonisationsgesellschaft* plante Sieveking an Bremer Bürger zu veräußern und versuchte deshalb, Bürgermeister Smidt[284] für seine Ideen zu gewinnen. Dieser hatte ihm am 9. September 1841 aufgrund der neuen politischen Verhältnisse in England nach der Regierungsübernahme Peels von bindenden Verträgen mit der *New Zealand Company* abgeraten.[285] Nachdem Smidt Sievekings Kolonisationsaufruf erhalten hatte, zeigte er Interesse an der Idee einer »Deutschen Schiffahrtshanse«.[286] Doch er war sich nicht sicher, ob die Inseln wie Dieffenbach sie beschrieben hatte die Hoffnungen erfüllen könnten, die Sieveking auf sie setzte, so sehr auch »der Gedanke ansprach, daß die Hansestädte ihren vaterländischen Beruf darin suchen und finden sollten, für die Organisierung eines deutschen Colonisationsverfahrens die Bahn zu brechen und die Leitung desselben zu übernehmen.«[287]

Smidt äußerte Sieveking gegenüber die Besorgnis, dass »die elektrischen Funken, die Sie von dem Reiben mit Südseethran erwarten, nur spärlich zum Vorschein kommen dürften« und sah den guten Ruf und das Vertrauen auf die »Hanseatische Kunde und Führung« durch ein Misslingen des Projekts gefährdet. Zudem bezweifelte er die Aufrichtigkeit der *New Zealand Company* als Informationsquelle über die Beschaffenheit der Inseln:

> *Wenn wir eine Ladung Auswanderer, denen wir Hoffnung gemacht, dort ihr Fortkommen zu finden, auf unsere Kosten hinschicken, sie aber bei ihrer Ankunft in Kummer und Not geraten und Ach und Weh über uns schreien, bis wir sie wieder abholen, – wie wird Deutschland über uns urteilen? und können wir es verantworten, den Leuten solche Hoffnung zu machen, ohne uns von deren Begründung selbst überzeugt zu haben – sondern nur im blinden Glauben denen vertrauend, welche das Land verkaufen wollen und es schwerlich anbieten würden, wenn sie bei der eigenen Benutzung Vorteil zu sehen hofften.*[288]

[284] Johann Smidt, seit 1821 Bürgermeister von Bremen, war seit den Freiheitskriegen ein starker Verfechter der hanseatischen Selbständigkeit. Er investierte zudem seit 1839 in die Produktion und den Handel von Tabak in Kentucky und verfolgte somit auch kommerzielle Interessen. Vgl. Wegner 2008, S. 116, 124.

[285] Vgl. Smidt am 09.09.1841 an Sieveking, zit. nach H. Sieveking 1928, S. 500.

[286] Vgl. Sieveking am 12.09.1841 an Smidt, zit. nach H. Sieveking 1896, S. 159.

[287] Smidt am 22.09.1841 an Sieveking, zit. nach H. Sieveking 1928, S. 505.

[288] Smidt am 22.09.1841 an Sieveking, zit. nach ebd., S. 505.

Smidt drückte jedoch auch seine Bewunderung für Sievekings Phantasie und Mut aus, ein solches Projekt zu wagen. Auf der Basis seiner Erfahrungen mit der Verwaltung von Bremerhaven würde er sich »auf ein detailliertes Regiment bei den Antipoden nur dann einlassen zu dürfen glauben, wenn mir ein elektrischer Telegraph durch den Mittelpunkt der Erde zu Gebote stände.«[289]

Wie die Bremer Kaufleute, die Sieveking während einer Reise nach Bremen im September 1841 von seinen Plänen zu überzeugen versuchte, auf die Idee der Antipodenkolonie reagierten, ist aus der vorliegenden Sekundärliteratur nicht abschließend ersichtlich. In seinem Aufsatz von 1896 hatte H. Sieveking noch vermerkt, dass der Syndikus einige einflussreiche Bremer für seine Pläne gewinnen konnte, da sich diese auf den Chatham-Inseln ein deutsches St. Thomas oder Singapur auf der Route Panama-Australien erhofften.[290] Später widersprach sich der Autor dann zum Teil selbst, indem er behauptete, besagte Bremer Kaufleute hätten die Inseln nur für einen günstigen Handelsplatz gehalten, sich jedoch aufgrund von negativen Berichten[291] von einem staatsübergreifenden Kolonisationsprojekt dort nicht überzeugen lassen. So hätte sich das Unternehmen ihrer Meinung nach zunächst auf die Beteiligung der Hansestädte beschränken sollen, da sie nach H. Sieveking glaubten, man »müsse nicht damit beginnen, eine Menge Geister zu zitieren, deren man hinterher vielleicht nicht mächtig bliebe.«[292]

Da die Antipodenkolonie ein staatsübergreifendes, die deutsche Nationalität in Übersee repräsentierendes Unternehmen werden sollte, ließ sich Sieveking von wenig euphorischen Reaktionen in den Hansestädten jedoch nicht entmutigen. Er versuchte nun, wichtige Vertreter aus Politik, Wirtschaft und Wissenschaft in anderen deutschen Staaten

[289] Smidt am 22.09.1841 an Sieveking, zit. nach ebd., S. 505; vgl. H. Sieveking 1896, S. 160; Washausen 1968, S. 13.

[290] Vgl. H. Sieveking 1896, S. 160. Auch Coppius, der sich auf die Aussagen H. Sievekings berief, stützte diese Aussage. Vgl. Coppius 1905, S. 42.

[291] Richards zufolge bewertete der amerikanische Kapitän Lewis L. Fish, der im Dienst eines bremischen Walfangschiffes die Chatham-Inseln besucht hatte, die Inseln am 30.11.1841 zusammenfassend als für europäische Ansiedlung ungeeignet. Vgl. »Bericht von Kapitän Lewis Lowell Fish, Kommandeur der *Alexander Barclay*, verfasst im November 1841 in Bremen«, *Bremen Staatsbibliothek*, Papiere Karl Sieveking, Dokument 28, zit. nach Richards 1993, S. 50; vgl. H. Sieveking 1928, S. 523.

[292] Ebd., S. 501. Im Gegensatz zu H. Sieveking betont Ustorf, die Berichte Bremer Walfänger über die landwirtschaftliche Eignung der Inseln seien durchweg negativ gewesen. Vgl. Ustorf 1983, S. 30.

für sein Projekt zu gewinnen.[293] Ihnen gegenüber stellte er die patriotischen Belange seines Unternehmens in den Vordergrund und entwarf das Bild einer »Magna Germania«, die in der Südsee durch Arbeit und Freiheit nach dem Vorbild der »Magna Graecia«[294] erblühen könne.

Als Reaktion auf die Chatham-Pläne äußerte der preußische Botschafter in London Christian C. J. von Bunsen, der sich derzeit für die Gründung des evangelischen Bistums in Jerusalem einsetzte, seine Anerkennung und drückte den Wunsch nach einem Bischof der Antipoden aus. Der Syndikus hoffte, dass Bunsen seine Begeisterung für die Antipodenkolonie auch auf den preußischen König übertragen würde.[295]

Unterstützung erhielt Sieveking ebenfalls von den Kolonialbefürwortern List und von Gagern. Letzterem hatte er bereits am 31. Mai 1841 ausführlich die Möglichkeiten deutscher Kolonisation in verschiedenen Teilen der Welt geschildert.[296] So schrieb von Gagern am 13. Dezember 1841 an Sieveking: »Ihr Unternehmen [...] ist tüchtig, gerade zum Ziel führend, ein nationales Beginnen: es bietet ungemeine Vortheile.«[297]

Doch er wies auch auf offene Fragen hin: »Aber welchen Menschenstoff denken Sie sich dabei? Wer wird sie führen? Wie werden wir es plausibel machen? Wird die Entfernung den gewöhnlichen Schlag (dieses hier ohne Tadel gesagt) nicht allzuleicht abschrecken?«[298]

Sieveking hoffte, der Antipodenkolonie den Schutz eines mächtigen deutschen Staates zu sichern.[299] Am 18. November 1841 sandte er deshalb dem Kronprinzen von Bayern seine Schrift *Warrekauri* und betonte im beiliegenden Brief erneut die Idee deutscher Pflanzstädte nach griechischem Vorbild als Möglichkeit der Konzentration deutscher Kräfte in Übersee.[300] Dieser drückte in seiner Antwort vom 20. November Interesse und Zustimmung für das Warrekauri-Unternehmen aus.[301] Auch dem bayerischen Gesandten in Bremen von Hormayr, dem Legationsrat von Kölle in Stuttgart, dem Mitglied der württem-

[293] Vgl. H. Sieveking 1896, S. 165.
[294] Ebd., S. 163; vgl. H. Sieveking 1928, S. 498; Ustorf 1983, S. 25.
[295] Vgl. H. Sieveking 1896, S. 161; H. Sieveking 1928, S. 513–514.
[296] Vgl. H. Sieveking 1928, S. 501.
[297] Von Gagern am 13.12.1841 an Sieveking, zit. nach H. Sieveking 1896, S. 165; vgl. H. Sieveking 1928, S. 523.
[298] H. Sieveking 1896, S. 165.
[299] Vgl. Sieveking am 03.03.1842 an Godeffroy, zit. nach ebd., S. 164.
[300] Vgl. Sieveking am 18.11.1841 an den Kronprinzen von Bayern, zit. nach H. Sieveking 1928, S. 518–519.
[301] Vgl. ebd., S. 524.

bergischen Kammer von Werner und dem Vertreter der Thüringischen Staaten in Frankfurt von Fritzsch schickte Sieveking seine Kolonisationsschrift.[302]

Auch in anderen deutschen Staaten fanden Sievekings Pläne im Ganzen wenig Zustimmung.[303] So glaubte der hessische Minister Freiherr du Thiel sogar, die Bevölkerung dort wegen der hohen Kosten für Transport und Land durch einen Ministerialerlass vor der Involvierung in das Antipoden-Projekt warnen zu müssen.[304] Zwar hatte Bunsen dem König von Preußen einen günstigen Bericht über die Antipodenkolonie erstattet und H. Sieveking schreibt, dass die Idee einer deutschen Kolonie die Phantasie der preußischen Geschäftsmänner und Gelehrten beflügelt habe.[305] Offizielle Reaktionen aus Preußen waren allerdings durchweg ablehnend, da eine administrative und militärische Unterstützung der Hamburger Kolonialpläne nur unter der Voraussetzung des Beitritts der Hansestädte zum Zollverein möglich schien.[306]

Hier wird die Inkompatibilität von Sievekings verschiedenen Zielsetzungen deutlich: Zum einen wollte er unbedingt die kommerzielle Selbständigkeit Hamburgs erhalten und diese durch die hanseatische Zentrierung seines Kolonialunternehmens noch verstärken. Zum anderen glaubte er, von der politisch-militärischen Stärke Preußens profitieren zu können und strebte eine Zusammenarbeit an, die für Preußen wenn überhaupt nur im Rahmen einer gemeinsamen Mitgliedschaft im Zollverein vorstellbar war.

Die lokalen und auch die Zeitungen in anderen Ländern des Deutschen Bundes äußerten sich sehr unterschiedlich zu Sievekings Chatham-Plänen. So beurteilten die Journalisten der *Preußischen Staatszeitung* und der *Rheinischen Zeitung* das Projekt im Ganzen eher günstig, während die *Kölnische Zeitung*, die *Leipziger Allgemeine* und viele binnenländische Organe vor allem Kritik daran übten.[307] So beschrieb beispielsweise Dr. Julius, der Autor eines Artikels in der *Preußischen Staatszeitung* vom 24. Dezember 1841, Karl Sieveking als einen edlen und weit schauenden Politiker mit ausgezeichnetem Ruf. Über dessen Kolonialplan vermerkte er, bei

[302] Vgl. ebd., S. 518ff.
[303] Vgl. H. Sieveking 1896, S. 165.
[304] Vgl. H. Sieveking 1928, S. 524; Ustorf 1983, S. 31.
[305] Vgl. H. Sieveking 1896, S. 165; H. Sieveking 1928, S. 521.
[306] Vgl. Coppius 1905, S. 42; H. Sieveking 1896, S. 165–166.
[307] Vgl. Coppius 1905, S. 42; H. Sieveking 1896, S. 166; H. Sieveking 1928, S. 525.

solchen von der Gegenwart lebhaft empfundenen Bedürfnissen [gemeint ist die Vereinigung deutscher AuswanderInnen im Ausland zur Erhaltung ihrer Kultur, Anm. d. Verf.] kann nichts erwünschter seyn, als der von Hamburg, der größten Deutschen Seemacht, ausgehende, reiflich erwogene und bereits zur Einleitung geförderte Entwurf einer Deutschen Antipoden-Colonie [...].[308]

Nachdem die *Allgemeine Zeitung* ebenfalls einige günstige Artikel[309] zur Warrekauri-Angelegenheit abgedruckt hatte, fand Sievekings schärfster Kritiker, der nordamerikanische Konsul in Bremen Sir Francis Grund, dort eine Bühne zur Artikulation.[310] Deutschland müsste sich zunächst politisch vereinigen und sich einen Rang unter den europäischen Handelsmächten erkämpfen, sonst bliebe jede kolonialpolitische Anstrengung der deutschen Staaten von dem Wohlwollen Englands abhängig. Den Hansestädten würden England und Frankreich eine selbständige Kolonialpolitik im Namen einer geeinten deutschen Nationalflagge erst recht nicht erlauben, denn diese hätten »zur Gründung einer Kolonie, einer verjüngten Nationalität, eines kräftigen deutschen Gemeinwesens durchaus keinen Beruf; – denn sie haben keine selbständige Manufaktur- und Handelspolitik, – und noch viel weniger die Mittel.«[311]

Eine ebenso scharfe Kritik druckte die *Allgemeine Zeitung* in ihrer Beilage von 8. Januar 1842. Darin unterstellt der Verfasser den Hamburger Kaufleuten, sich auf Kosten deutscher AuswanderInnen bereichern zu wollen:

[...] Gestehen wir es nur aufrichtig ein, daß die ganze projectirte Colonie weiter nichts ist, als eine, auf die Unwissenheit unserer deutschen Bauern, und auf den natürlichen Hang der Deutschen zum Romantischen und Wunderbaren gefußte Handelsspeculation. Der südliche Himmel, die südlichen Lüfte, der Balsamduft des Südens, die dunkelblaue Südsee und die grünen freundlichen

[308] *Allgemeine Preußische Staats-Zeitung*, Berlin, 24.12.1841, Nr. 356, S. 1605, StAHH, 622–1/90 Sieveking, E 25, Bd. 6; vgl. H. Sieveking 1928, S. 521.

[309] Wie eine ausführliche Besprechung des Plans am 15.12.1841, in der das Projekt als ernsthafter Versuch zur Konzentrierung deutscher Nationalität in Übersee und als »Erweiterung unseres politischen Gesichtskreises und als solche ein erfreuliches Ereignis« beschrieben wird. Vgl. *Allgemeine Zeitung*, Augsburg, 15.12.1841, Nr. 350, S. 2798, StAHH, 622–1/90 Sieveking, E 25, Bd. 6.

[310] Vgl. Moltmann 1989, S. 65; Washausen 1968, S. 14.

[311] H. Sieveking 1896, S. 167; vgl. Coppius 1905, S. 42; Ustorf 1983, S. 30.

Südsee-Inseln [...] alles das ist Capital in den Händen der sublandesherrlichen Hamburger, die zu den von ihnen zu regierenden Inseln weiter nichts hergeben wollen als ihren Verstand.[312]

Coppius konstatiert für das späte 18. und frühe 19. Jahrhundert eine negative Grundhaltung vieler deutscher Staaten Hamburg gegenüber. Diese sei von Neid auf die handelspolitische Monopolstellung der Hansestadt geprägt gewesen. In der deutschen Öffentlichkeit habe man Hamburg zudem einer »selbstsüchtigen Politik« beschuldigt, »welche darauf hinausginge, sich auf Kosten des Inlands zu bereichern.«[313]

Im Zuge dieser etablierten Vorurteile erscheint die mangelnde Zustimmung für die Hamburger Kolonisationspläne aus anderen deutschen Staaten nicht verwunderlich, da von dem Ausbau des Südseehandels vor allem die Hamburger Handelshäuser profitiert hätten. »Hamburg«, so Coppius abschließend, »war einmal bei dem deutschen Publikum in Mißkredit geraten, und noch lange bis tief in das neunzehnte Jahrhundert hinein machte sich dieses Vorurteil gegen Hamburg geltend.«[314]

Die öffentliche Kritik an seinem Projekt registrierend, schrieb der Syndikus Mitte Januar 1842 an Smidt, seine Antipodenkolonie würde jetzt mit schwerem Geschütz beschossen.[315] Und Dr. Julius gegenüber äußerte er, gegen sein Unternehmen habe sich »eine Conspiration in der Presse organisiert, der ich begegnen werde, wenn sie ihr Pulver verschossen. Alle ihre Waffen, selbst ihre Witze sind aus meinem eigenen Arsenal.«[316]

Dass es Sieveking letztlich jedoch sehr gelegen kam, dass seine Ideen in der deutschen Presselandschaft so polarisierend wirkten, geht aus einem Brief seiner Frau an den gemeinsamen Sohn vom 22. Januar 1841 hervor. Darin schreibt sie: »Die vielen Zeitungsartikel hin und her waren ihm sehr lieb. Das bereitet das Volk vor, und man spricht sich aus. Dazwischen ließ er bisweilen etwas Solides einrücken.«[317]

[312] Beilage zur *Allgemeinen Zeitung*, 08.01.1842, S. 58, StAHH, 622–1/90 Sieveking, E 25, Bd. 6.
[313] Vgl. Coppius 1905, S. 32–33.
[314] Ebd., S. 34.
[315] Vgl. Sieveking am 14.01.1842 an Smidt, zit. nach H. Sieveking 1928, S. 525.
[316] Sieveking am 15.01.1842 an Julius, zit. nach ebd., S. 525.
[317] Ebd., S. 525.

3.5. Die Gründung der *Deutschen Colonisationsgesellschaft*

Zwar riefen Sievekings Kolonialpläne bei vielen Hanseaten eher Skepsis als Begeisterung hervor; dem Syndikus gelang es dennoch, eine Reihe angesehener Hamburger Kaufleute und Politiker zur Mitgliedschaft im provisorischen Komitee seiner *Deutschen Colonisationsgesellschaft* zu bewegen, das am 15. Februar 1842 in Hamburg erstmals zusammen trat.[318] Es handelte sich dabei um Dr. August Abendroth, Philipp A. und Ami de Chapeaurouge (*De Chapeaurouge & Co.*), Johann C. Godeffroy (*Joh. Ces. Godeffroy & Sohn*), Eduard Johns, Edgar D. Ross und Adolph E. Vidal (*Ross, Vidal & Co.*), Gustav und Wilhelm Schiller (*Gebrüder Schiller & Co.*), Adolph Schramm und Robert M. Sloman.[319]

Über die individuellen Motive der Mitglieder ist wenig bekannt. Alle stammten jedoch aus traditionsreichen Kaufmannsfamilien oder waren Teilhaber in einflussreichen Handelsunternehmen oder Reedereien, so dass die Hoffnung auf neue Handelsmöglichkeiten in der Südsee nach hanseatischen Freihandelsprinzipien wahrscheinlich eine zentrale Antriebskraft für ihr Engagement war. Zudem waren einige von ihnen bereits in das Auswanderungsgeschäft involviert – wie Sloman, dessen Reederei 1836 die erste regelmäßige transatlantische Paket- und Passagierfahrt eingerichtet hatte[320] oder *Ross, Vidal & Co.*, die in Zusammenarbeit mit Sloman 1841 ein deutsches Auswanderungsunternehmen ins australische Port Adelaide organisiert hatten[321] – und konnten sich durch eine Beteiligung am Sieveking'schen Projekt Hoffnung auf einen Ausbau dieses Geschäftszweigs machen. Das Handelsimperium der Familie Godeffroy hatte seit den 1830er Jahren ausgedehnte Welthandelsbeziehungen aufgebaut, zunächst vor allem in Mittel- und Südamerika und ab den 1850er Jahren vermehrt in der Südsee.[322] Dabei

[318] Vgl. Coppius 1905, S. 43; Moltmann 1989, S. 65; Washausen 1968, S. 12.

[319] Vgl. »*Deutsche Colonsations-Gesellschaft*«, Hamburg, 13.02.1842, zit. nach Eichbaum 1950, S. 267; verschiedene Versionen der Statuten der Gesellschaft befinden sich auch im StAHH, 622–1/90 Sieveking, E 25, Bd. 1, S. 169–177; vgl. Schramm 1950, S. 79–80; H. Sieveking 1896, S. 165; Washausen 1968, S. 13.

[320] Vgl. Wegner 2008, S. 190.

[321] Vgl. H. Sieveking 1928, S. 499. Hauptsächlich war die Firma im Im- und Exporthandel mit Batavia, China und Brasilien engagiert und fungierte als Reederei für Ostindien und Australien. Vgl. Brietzke, Dirk (2005), »Ross, Edgar Daniel«, in: *Neue Deutsche Biographie,* Bd. 22, S. 94–95, http://www.deutsche-biographie.de/pnd134008006.html, zuletzt aufgerufen am 18.03.2014.

[322] Vgl. Wegner 2008, S. 196; Washausen 1968, S. 55–56. Zwischen 1836 und 1856 war der Godeffroy'sche Besitz von sechs auf 27 Schiffe angewachsen und das Un-

verfolgte das Unternehmen nach Wegner das Ziel, überseeische Zweigstellen aufzubauen, die eine selbständige Handelstätigkeit vor Ort ermöglichten, und leistete somit Pionierarbeit für die Kolonialbemühungen der Bismarck-Ära.[323] Die kolonialpolitischen Ambitionen Johann C. Godeffroys gehen auch aus einem Brief an seinen Onkel hervor, in dem er – als noch Hoffnung auf die Realisierung der Warrekauri-Kolonie bestand – von der Absicht berichtete, nach der gelungenen Errichtung derselben weiter zu kolonisieren und »den großen Plan deutscher vereinter Auswanderungen ins Werk [zu] setzen.«[324]

Washausen vermutet, das Zustandekommen der Gesellschaft sei »wohl dem Ansehen und Unternehmergeist« des Syndikus zuzurechnen.[325] Tatsächlich scheinen persönliche Beziehungen zu Sieveking und die Wertschätzung seiner Person bei einigen Hanseaten ein Grundvertrauen in die Erfolgsaussichten des Chatham-Vorhabens begünstigt oder schlichtweg vorhandene Skepsis abgemildert zu haben. Letzteres traf auf seinen langjährigen Freund Godeffroy zu, der zwar durchaus die kolonialpolitischen Grundideen des Syndikus teilte, jedoch auch immer wieder die Eignung der Chatham-Inseln für das Vorhaben in Frage stellte. So habe ihn nach eigener Aussage seine Freundschaft zu Sieveking zur Zeichnung einiger Aktien bewogen. Er riet diesem am 26. Februar 1842 allerdings erneut, »Warrekauri [...] in aller Stille wieder in den Hintergrund [zu] schieben«[326] und stattdessen nach neuen Ansiedlungsgebieten zu suchen. Auch der Kaufmann Adolph Schramm pflegte eine enge persönliche und geschäftliche Verbindung zu Sieveking (er hatte diesen schon 1827 als Legationssekretär nach Brasilien begleitet) und war mit seinen kolonialpolitischen Ideen vertraut, die er teilte.[327]

Mit der im 18. Jahrhundert aus Genf nach Hamburg emigrierten Hugenotten-Familie De Chapeaurouge, mit der die Sievekings bereits eine lange freundschaftliche Beziehung pflegten, war der Syndikus seit seiner Hochzeit mit Caroline de Chapeaurouge im Jahr 1822 auch verwandtschaftlich verbunden.[328] Nachdem das Familienunter-

ternehmen hatte sich zu einer der führenden Hamburger Reedereien entwickelt. Vgl. Wegner 2008, S. 201.

323 Vgl. ebd., S. 199, 204.

324 Godeffroy am 14.02.1842 an seinen Onkel, zit. nach Schramm 1950, S. 82.

325 Vgl. Washausen 1968, S. 13.

326 Godeffroy am 26.02.1842 an Sieveking, zit. nach H. Sieveking 1928, S. 527.

327 Vgl. Schramm 1964a, S. 87ff.; Schramm 1964b, S. 284ff.

328 Vgl. H. Sieveking 1928, S. 37.

nehmen in napoleonischer Zeit starke Verluste erlitten hatte, bauten es die Cousins Jean und Jacques Henri 1814 wieder auf und waren fortan in Bank- und Versicherungsgeschäfte sowie den Handel mit Westindien, Havanna, St. Thomas und Charleston involviert.[329] H. Sieveking zufolge wollte der Syndikus seinem Schwager Philipp Auguste aus finanziellen Schwierigkeiten helfen und machte ihn im November 1841 zum Sekretär der zu gründenden Gesellschaft.[330] Sowohl Philipp, als auch sein Großcousin Ami de Chapeaurouge, mit dem er die Leitung der Firma *De Chapeaurouge & Co.* übernommen hatte, waren Gründungsmitglieder der *Deutschen Colonisationsgesellschaft* und wurden nach der Abreise John N. Beits zu Agenten der *New Zealand Company* in Hamburg ernannt (Siehe Kapitel 5.).[331]

Über die Beweggründe der übrigen Teilhaber – namentlich Dr. August Abendroth (Jurist und Kaufmann und Sohn des Hamburger Bürgermeisters), Eduard Johns (Kaufmann und späterer Senator) und die Gebrüder Schiller & Co. (Kaufleute und spätere Gründer einer Dampfschifffahrtsreederei) – gehen aus den vorliegenden Quellen keine spezifischen Informationen hervor.

Auf der ersten Versammlung im Konferenzzimmer der Neuen Börse gründeten die Mitglieder des Komitees am 15. Februar 1842 durch die Unterzeichnung der von Sieveking zwei Tage zuvor verfassten Statuten die *Deutsche Colonisationsgesellschaft* zum Zweck der Errichtung einer »Deutschen Antipodenkolonie« auf den Chatham-Inseln. Weitere Kolonien sollten folgen.[332] In elf Paragraphen definieren die Statuten die Organisation der Aktienverkäufe, das geplante Vorgehen der Gesellschaft und die Rechte und Pflichten der Mitglieder. Es war beabsichtigt, insgesamt 400 Aktien zu veräußern, deren Käufer sich zunächst zu einer Zahlung von 200 Mark Banco pro Aktie verpflichten würden.[333]

329 Vgl. ebd., S. 35.

330 Vgl. ebd., S. 517.

331 Vgl. *New Zealand Company* am 11.05.1843 an De Chapeaurouge, NA, CO 208/153, MF 632, *Out Letters*, Nr. 43/500.

332 Vgl. *Einladung zur Versammlung der Provisorischen Comité*, 15.02.1842, StAHH, 622–1/90 Sieveking, E 25, Bd. 1; Berry 1964, S. 15–16; H. Sieveking 1896, S. 167; H. Sieveking 1928, S. 526.

333 Die Hamburger Mark Banco (1619–1873) war eine reine Rechenwährung, in der die Einlagen der Kaufleute in der Hamburger Bank verzeichnet wurden und die wegen ihres stabilen Werts im Großhandel und im Hypothekengeschäft verwendet wurde. Vgl. North, Michael (Hg.) (2005), *Deutsche Wirtschaftsgeschichte: Ein Jahrtausend im Überblick*, 2., überarb. Aufl., München, S. 165. 1859 entsprach eine Mark Banco 15 preußischen Silbergroschen und 2,443 Pfennigen (= 0,5 preu-

Neben der Anzahlung von 1 000 britischen Pfund auf den Kaufpreis der Inselgruppe sollte mit diesem Startkapital »die Aussendung einer von den nöthigen Feldmessern, Handwerkern und Arbeitern begleiteten Commission« gesichert werden, welche die Chatham-Inseln untersuchen und formal in Besitz nehmen würde (§ 2 und § 3).[334] Der Verkauf des vermessenen Landes sollte ferner nach den Wakefield'schen Prinzipien die Überfahrt der AuswanderInnen, infrastrukturelle Investitionen, den restlichen Kaufpreis, administrative Ausgaben und eine angemessene Dividende finanzieren (§ 7 und § 10).[335]

Die Gesellschaft würde von einer aus dem provisorischen Komitee hervorgehenden, fünfköpfigen Direktion nach außen vertreten werden und ihre Entscheidungen durch Stimmenmehrheit der AktionärInnen treffen (je nach Aktienanzahl hätten diese zwischen einer und fünf Stimmen) (§ 5).[336] Die Statuten enthalten zudem die Ankündigung, »über das anomale staatsrechtliche Verhältnis der Inselgruppe Verhandlungen zu eröffnen«. Wie bereits im vorläufigen Kaufvertrag geht Sieveking hier von der Rechtmäßigkeit der Besitzübertragung von der *New Zealand Company* an die *Deutsche Colonisationsgesellschaft* aus. Deshalb, so § 9 der Statuten, »scheint die unbeschränkte Handelsfreiheit der künftigen Hafenstadt und [...] gleichberechtigte Vermittlung ihres Verkehrs durch die Deutsche, die Hanseatische oder die Hamburger Flagge keinen Falls [zu] bezweifeln.«[337]

Anschließend ließ Sieveking seiner »heraldischen Phantasie«[338] freien Lauf und entwarf eine Flagge und ein Wappen für seine Kolonie, in denen er Motive der Hansestädte und des Deutschen Bundes vereinte (siehe Abb. 2 im Anhang).[339] Durch Informationsartikel in verschiedenen Zeitungen und persönliche Überzeugungsversuche hoffte Sieveking, insgesamt 40 Aktienzeichner zu gewinnen, die aus den Hansestädten, Berlin, Dresden, Frankfurt und den Hauptstädten

ßische Thaler). Vgl. »Hamburg« (1859), *Pierer's Universal-Lexikon*, Bd. 7, S. 898, http://www.zeno.org/Pierer–1857/A/Hamburg+%5B1%5D?hl=hamburg, zuletzt aufgerufen am 18.03.2014.

334 »*Deutsche Colonsations-Gesellschaft*«, Hamburg, 13.02.1842, zit. nach Eichbaum 1950, S. 267; vgl. Berry 1964, S. 15–16; H. Sieveking 1928, S. 529.

335 Vgl. »*Deutsche Colonsations-Gesellschaft*«, Hamburg, 13.02.1842, zit. nach Eichbaum 1950, S. 267–268; vgl. Berry 1964, S. 16.

336 Vgl. Eichbaum 1950, S. 267.

337 Ebd., S. 267.

338 Sieveking am 03.03.1842 an Godeffroy, zit. nach H. Sieveking 1896, S. 164.

339 Vgl. ebd., S. 164.

der südlichen deutschen Staaten sowie der Schweiz kommen sollten.[340] Dem Syndikus schwebte die Idee vor, dass der preußische König ein Viertel bis die Hälfte der Aktien kaufen könnte. Dadurch sollte das Startkapital der Gesellschaft erhöht und einer von Hamburg ausgesendeten wissenschaftlichen Expedition zur Besitzergreifung der Inseln der Schutz der preußischen Flagge gesichert werden. Falls sich wider Erwarten nicht genügend Anteilseigner finden ließen, war Sieveking zuversichtlich, dass Ward selbst ihm einige Aktien abkaufen würde.[341]

Neben den Mitgliedern des provisorischen Komitees, die insgesamt 60 Aktien erworben hatten, ließen sich die Hanseaten Heine, Mutzenbecher, Jenisch und Rumpff zu einer Beteiligung überreden. Tatsächlich konnte Sieveking auch in einigen anderen deutschen Staaten Aktienzeichner gewinnen, wie den württembergischen Geschäftsträger in St. Petersburg von Reinhard und den dortigen sächsischen Ministerresident von Seebach, so dass die Gesamtzahl der verkauften Aktien in den folgenden Wochen auf 90 anstieg. Insgesamt blieben die Beteiligungen aber weit hinter Sievekings Erwartungen von 400 verkauften Aktien zurück. Wenig Interesse zeigten beispielsweise die Kaufleute in Lübeck, Gotha, Frankfurt und Altona und das Spannungsverhältnis der Hansestädte zum Zollverein hielt Preußen von jeglicher Involvierung ab.[342]

Ermutigt, die strukturelle Planung seiner Antipodenkolonie trotz des ausbleibenden Ansturms auf die Aktien zu intensivieren, wurde Sieveking durch die Tatsache, dass sich interessierte AuswanderInnen aus Ingolstadt, Stuttgart, Karlsruhe, Dresden und Danzig für das Projekt bewarben. Aus Posen meldeten sich gleich 60 Familien, Angehörige altlutherischer Gemeinden[343], die mit einem Gesamtkapital von 40000 Thalern auf die Chatham-Inseln auswandern wollten und Sieveking darüber witzeln ließen, dass der kolonialen Sache am meisten »durch eine kleine Christenverfolgung« geholfen sei.[344]

Doch der Syndikus hatte, wie H. Sieveking richtig anmerkt, die Rechnung ohne den Wirt – in diesem Fall die mächtige See- und Kolonialmacht Großbritannien – gemacht.[345] Die Gründungsdokumente

[340] Vgl. H. Sieveking 1928, S. 520.
[341] Vgl. ebd., S. 527–528.
[342] Vgl. ebd., S. 526ff.
[343] Diese fühlten sich durch die preußischen Kirchenreformen in ihrer Glaubensfreiheit eingeschränkt. Vgl. H. Sieveking 1896, S. 168.
[344] Ustorf 1983, S. 32; vgl. H. Sieveking 1896, S. 168; H. Sieveking 1928, S. 528–529.
[345] Vgl. H. Sieveking 1896, S. 168.

der *Deutschen Colonisationsgesellschaft* wurden weniger als einen Monat vor dem Ende des vertraglich vereinbarten Ratifizierungs-Zeitraums unterzeichnet. Doch zu einer offiziellen Genehmigung des Chatham-Vorhabens sollte es nicht kommen, denn die Veröffentlichung der Statuten leitete ein unerwartet schnelles Ende des Projekts ein.[346]

3.6. Zwischenfazit

Karl Sieveking war bis 1840 zu einem der wichtigsten und einflussreichsten Hamburger Politiker und Diplomaten geworden. Basierend auf seinen Beobachtungen von deutschen AuswanderInnen in Brasilien und seinen Bemühungen für die Erhaltung und Erweiterung der politischen und ökonomischen Unabhängigkeit Hamburgs entwickelte er die Idee einer deutschen Überseekolonie unter Hamburger Leitung, die er auf den Chatham-Inseln realisieren wollte.

Die konsequente Erschließung neuer Handelsmöglichkeiten in Übersee und die daraus resultierende Einbindung Hamburgs in den Welthandel hatten innerhalb der Hamburger Kaufmannschaft ein starkes Selbstbewusstsein begründet und ihren Interessens- und Denkhorizont nach Übersee erweitert. Sieveking war von der Bedeutung der Hansestadt im Deutschen Bund und im Welthandel überzeugt und wollte den internationalen Einfluss Hamburgs durch die Gründung der »Deutschen Antipodenkolonie« vergrößern. Er glaubte an die Ausführbarkeit seiner Pläne[347] und überschätzte damit die Machtposition der Hansestadt, wie sich später herausstellte.

Das Unternehmen verband handelsökonomische, sozialpolitische und nationalistische Motive miteinander und zielte darauf ab, einerseits Hamburger Handelsinteressen in Übersee zu stärken und andererseits die wirtschaftspolitische Unabhängigkeit der Hansestadt im Deutschen Bund zu erhalten.[348] Ökonomischen Nutzen für Hamburg versprach sich Sieveking vor allem von dem Aufbau eines hanseatischen Handelsnetzwerks im Südpazifik. Die Chatham-Inseln sollten

346 Vgl. Berry 1964, S. 15–16; H. Sieveking 1928, S. 523.

347 So schrieb er dem bayerischen Ministerresidenten in Bremen, Freiherr von Hormayr, im April 1841 idealistisch: »Die Sache ist zu ausführbar, um sie voreilig zu einem Gegenstand müßigen Geschwätzes zu machen.« Sieveking am 25.04.1841 an Hormayr, zit. nach ebd., S. 498.

348 Vgl. Gründer 1999, S. 13.

zu einem Umschlagplatz für Waren aus dem pazifischen und asiatischen Raum ausgebaut werden, um den Hamburger Überseehandel zu intensivieren. Sieveking erhoffte sich zudem finanzielle Profite für die Aktieneigner der *Deutschen Colonisationsgesellschaft* durch Handelsbeteiligungen. In geringerem Maße sollten die Chatham-Inseln auch als Absatzmarkt und Rohstofflieferant für die deutschen Staaten dienen.

Auf wirtschaftspolitischer Ebene wollte Sieveking mit der Etablierung der von ihm geplanten »Deutschen Schiffahrtshanse« – die H. Sieveking als Vorbedingung für die Realisierung der Hamburger Kolonisationspläne ansieht[349] – ein Gegengewicht zum Zollverein schaffen. Im Rahmen dieser neuen Wirtschaftsunion sollten die Elb- und Weserstaaten unter gemeinsamer Flagge mit anderen Staaten handeln können. Durch die geplante Integration Preußens in die »Deutsche Schiffahrtshanse« wollte Sieveking einerseits die preußische Forderung nach dem Beitritt der Hansestädte zum Zollverein mildern, da der Staat Preußen von dem neu entstehenden Pazifikhandel unabhängig von den Strukturen des Zollvereins profitieren könnte. Andererseits erhoffte sich Sieveking dadurch von Preußen militärischen Schutz für die »Deutsche Antipodenkolonie«.

Die sozialpolitischen Argumente der liberalen Kolonialbefürworter aufgreifend, glaubte der Syndikus, dass es nur in eigenen Kolonien möglich sein würde, das Schicksal der vielen deutschen AuswanderInnen positiv zu beeinflussen, ihre Kultur zu bewahren und zudem von ihrer Arbeitskraft zu profitieren. Die Absicht, Hamburg als Auswanderungshafen auszubauen und sich gegenüber Bremerhaven zu profilieren, spielte dabei durchaus eine Rolle.

Damit zusammenhängend lagen den Hamburger Kolonisationsplänen auch nationalistisch-patriotische Motive zugrunde. Sieveking war überzeugt, dass von allen deutschen Staaten die Hansestädte aufgrund ihrer bereits etablierten Bedeutung im Welthandel am besten geeignet seien, um die Ära eigenständiger deutscher Kolonialpolitik in Übersee einzuleiten. Sich selbst sah Sieveking als Pionier auf dem Gebiet überseeischer Kolonialpolitik und wollte die Chatham-Inseln zu einem Testgebiet für die Erprobung des kolonialpolitischen Talents der deutschen Staaten machen. In eigenen Worten wollte er durch die Gründung der »Deutschen Antipodenkolonie« beim Thema eigenständige Kolonial-

[349] Vgl. H. Sieveking 1928, S. 499.

politik der »deutschen Procrastination einen Sporn zum Handeln«[350] verschaffen. Schließlich sollte die Besiedlung der Chatham-Inseln auch der Erweiterung geographischer Kenntnisse und der Verbreitung christlicher Bildung im Rahmen von Missionsarbeit dienen.

Der Autor eines Artikels in den *Privilegirten wöchentlichen Nachrichten von und für Hamburg* schrieb am 10. Januar 1842 zu den Motiven Sievekings: »Was die geheimen Triebfedern seyn mögen, welche zum Entwurf einer deutschen Antipoden-Colonie Veranlassung gegeben haben, schwebt zur Zeit noch in Dunkelheit.«[351]

Tatsächlich geht aus den vorliegenden Quellen nicht klar hervor, welche der hier dargestellten Motive die zentralen Antriebskräfte hinter den Hamburger Kolonisationspläne waren. H. Sieveking interpretiert das Chatham-Unternehmen vor allem als Versuch, deutschen AuswanderInnen in einer selbständigen Siedlungskolonie eine gesicherte Zukunft zu ermöglichen.[352] Zudem sei das Vorhaben maßgeblich von der Überzeugung motiviert gewesen, dass die Hansestadt Hamburg die Ära eigenständiger deutscher Kolonialpolitik in Übersee »zur Ehre des deutschen Namens« einleiten müsse.[353] Es ist möglich, dass diese Hervorhebung der philanthropischen und patriotischen Absichten des Syndikus (und Vernachlässigung der kapitalistischen Ziele) in der eigenen Zugehörigkeit des Autors zur Familie Sieveking wurzelte. Die kolonialpolitischen Ziele Sievekings heben jedoch auch Schramm und Coppius hervor. So geht Coppius davon aus, das der Gedanke, »endlich einmal mit deutscher überseeischer Kolonisation zu beginnen«, ausschlaggebend gewesen sei.[354]

Der Einfluss handelspolitischer und gewinnorientierter Überlegungen auf die Entstehung des Chatham-Plans wurde in der publizierten Sekundärliteratur eher vernachlässigt. Von Beginn an handelte es sich bei dem Sieveking'schen Projekt auch um ein auf Profitmaximierung ausgerichtetes Wirtschaftsunternehmen. So war die *Deutsche Colonisationsgesellschaft* – nach dem Vorbild der *New Zealand Company* – als private Kapitalgesellschaft organisiert. Das Wakefield'sche Kolonisationssystem, auf dessen Basis Sieveking die Chatham-Kolonie plante,

350 Sieveking am 12.09.1841 an Smidt, zit. nach H. Sieveking 1896, S. 159.

351 »Von der Ober-Elbe«, in: *Privilegirte wöchentliche gemeinnützige Nachrichten von und für Hamburg*, 10.01.1842, Nr. 8, S. 3, StAHH, 622–1/90 Sieveking, E 25, Bd. 6.

352 Vgl. H. Sieveking 1896, S. 170; H. Sieveking 1928, S. 490ff.

353 Vgl. H. Sieveking 1896, S. 151, 158.

354 Coppius 1905, S. 41; vgl. Schramm 1950, S. 79–80.

hatte der *New Zealand Company* in Neuseeland großflächige Landnahme und Landspekulationen auf Kosten der lokalen Māoristämme ermöglicht. Auch Sieveking hoffte neben den Einnahmen aus Handelsbeteiligungen auf Spekulationsgewinne für die *Deutsche Colonisationsgesellschaft* aus dem Verkauf und der Besteuerung von 140 Landsektionen. Er selbst hätte davon profitiert, ebenso wie die anderen Aktieneigner, zu denen er mehrheitlich eine enge geschäftliche oder persönliche Verbindung hatte.[355]

Mit der Absicht, ein Netz von deutschen Überseekolonien zu gründen, verknüpfte Sieveking wahrscheinlich auch die Hoffnung auf Ruhm und Ehre für seine eigene Person. So hoffte er auf den Dank seiner Landsleute dafür, dass er ihnen durch sein Projekt die Gelegenheit gegeben habe, sich mit den Grundsätzen der Kolonisation zu beschäftigen.[356] Sieveking sympathisierte zwar mit dem christlichen Missionsgedanken, erwähnte diesen Aspekt in seinem Kolonisationsaufruf jedoch nur am Rande und scheint die Aussicht auf ein missionarisches Tätigkeitsfeld vor allem als Argument herangezogen zu haben, um in der Hamburger Öffentlichkeit und in kirchlichen Kreisen um Unterstützung zu werben.

Sieveking verfolgte also neben philanthropischen, patriotischen und politischen Absichten auch kapitalistische Ziele und hatte durchaus finanzielles Eigeninteresse an dem Gelingen des Unternehmens. Da der Syndikus, je nachdem, mit wem er kommunizierte, unterschiedliche Aspekte des Vorhabens betonte, um eine breite Unterstützung für sein Projekt zu gewinnen, bleibt die Frage nach dem zugrunde liegenden Hauptmotiv jedoch unbeantwortet.

Die auf den Chatham-Inseln lebenden Māori wurden zu keinem Zeitpunkt als gleichberechtigte zukünftige Nachbarn angesehen. Stattdessen wurden sie zu einer Projektionsfläche für zivilisatorische und ökonomische Visionen, sei es als EmpfängerInnen der christlichen Lehre oder als AbnehmerInnen europäischer Produkte und Dienstleistungen.

Sievekings Bemühungen, die Idee einer deutschen Kolonie unter

355 Vgl. »Entwurf zu der hanseatischen Colonie auf Warrekauri auf dem Muster von Nelson auf Neuseeland«, StAHH, 622–1/90 Sieveking, E 25, Bd. 1, S. 68; Ustorf 1983, S. 26, 28.

356 Vgl. H. Sieveking 1896, S. 162–163; H. Sieveking 1928, S. 529. Nach dem Scheitern des Projekts bestätigte Godeffroy dem Syndikus diese Hoffnung, indem er schrieb: »Das Verdienst der ersten Auffassung des großartigen Gedankens der deutschen Kolonisation wird Ihnen unverkümmert bleiben.« Zit. nach Sieveking 1896, S. 170.

Hamburger Leitung in den Hansestädten zu popularisieren, schlugen fehl. Die Ursachen für die Skepsis vieler hanseatischer Kaufleute scheinen zum einen in ihrer mangelnden Risikobereitschaft angesichts eines finanziell unsicheren und staatsrechtlich uneindeutigen Spekulationsprojekts gelegen zu haben.[357] Zum anderen fehlte der *Deutschen Colonisationsgesellschaft*, wie Richards betont, das hohe gesellschaftliche Ansehen, das die fest in aristokratische Strukturen verankerte *New Zealand Company* in England genoss, und das damit zusammen hängende Grundvertrauen der Bevölkerung in ihre Pläne.[358]

Zum Teil kann das Scheitern der Hamburger Kolonisationspläne auch auf die ambivalente Haltung Sievekings dem preußischen Staat gegenüber zurückgeführt werden. Hamburg sollte den Beginn unabhängiger deutscher Kolonialpolitik in Übersee initiieren und zum organisatorischen Zentrum des Chatham-Unternehmens werden. Sieveking war jedoch bewusst, dass eine deutsche Kolonie auf die finanzielle und militärische Unterstützung anderer deutscher Staaten, insbesondere Preußens, angewiesen sein würde. Da Sieveking die Voraussetzung für eine derartige Zusammenarbeit – die Aufgabe der kommerziellen Selbständigkeit Hamburgs durch den Beitritt zum Zollverein – grundsätzlich ablehnte, war seine Hoffnung auf einen starken militärischen Rückhalt im geeinten Deutschland unter preußischer Führung nicht zu erfüllen.

[357] Vgl. Washausen 1968, S. 13.
[358] Vgl. Richards 1993, S. 50.

4. Die Souveränitätsfrage im Spiegel der internationalen Korrespondenz

Das folgende Kapitel wird die Verhandlungen zwischen den Hamburger Akteuren, den britischen Regierungsbeamten und den Vertretern der *New Zealand Company* in London beleuchten. Nachdem die Ziele Sievekings bereits untersucht wurden, sollen zunächst die Motive der *New Zealand Company* für den Erwerb und geplanten Weiterverkauf der Inseln und die Position der britischen Regierung erörtert werden. Im Zentrum der sich anschließenden Untersuchung der Korrespondenz wird die Frage stehen, mit welchen Argumenten und durch welche Vorgehensweisen die Akteure ihre Ziele durchzusetzen versuchten und mit welchem Ergebnis. Die Verfasser der Briefe waren auf Seiten der Hamburger Akteure Karl Sieveking[359], der diplomatische Geschäftsträger der Hansestädte in London James Colquhoun und ab Dezember 1841 John N. Beit. Im Namen der *New Zealand Company* korrespondierten in dieser Angelegenheit der Sekretär John Ward und der Vorstandsvorsitzende Joseph Somes. Die britische Regierung wurde vor allem durch den *Secretary of State for War and the Colonies* Lord Stanley (bzw. *Undersecretary* George W. Hope in seinem Namen), in geringerem Maße auch durch den *Permanent Undersecretary* James Stephen und *Foreign Secretary* Earl of Aberdeen vertreten.

Marais hebt in seiner Untersuchung zur Kolonialgeschichte Neuseelands den besonderen Stil der Briefe zwischen der *New Zealand Company* und dem Colonial Office zwischen 1841 und 1845 hervor. Diese seien von beiden Seiten bedacht und präzise formuliert worden, da die *New Zealand Company* die Korrespondenz regelmäßig in ihren Reihen veröffentlichte. Stephen, Stanley und Hope hätten sich zudem oft untereinander über den komplizierten, rhetorischen Stil der Briefe der *New Zealand Company* und ihren scharfen, angreifenden Ton beklagt.[360] Tatsächlich ist in der Korrespondenz zwischen der *New Zealand Company* und dem Colonial Office bezüglich der Chatham-

[359] Sieveking korrespondierte ab September 1841 regelmäßig mit John Ward. Zwar liegen die Briefe Sievekings nicht vor und sind nur zum Teil als Rekonstruktionen verfügbar, aus den Antworten Wards kann jedoch oft auf ihre Häufigkeit und ihren Inhalt geschlossen werden.

[360] Vgl. Marais, Johannes S. (1927), *The Colonisation of New Zealand*, London, S. 178.

Inseln das bestehende Konfliktverhältnis zu erkennen, während die Briefe Wards an Sieveking höflich und zuversichtlich formuliert sind und auch größte Schwierigkeiten als leicht zu überwindende Hürden darstellen.

4.1. Die Motive der *New Zealand Company*

Um die Hintergründe des Verkaufsangebots Wards zu verstehen, werden im Folgenden die Motive der *New Zealand Company* für die frühe Anwerbung deutscher AuswanderInnen und die geplante Veräußerung der Chatham-Inseln skizziert. Die Direktoren der *New Zealand Company* waren darauf bedacht, die zukünftigen SiedlerInnen der Kolonie Neuseeland sorgsam auszuwählen. Von Beginn an scheint die *New Zealand Company* beabsichtigt zu haben, auch deutsche AuswanderInnen nach Neuseeland zu locken und begann bereits im Januar 1839 mit der in Kapitel 1.2.2. untersuchten Werbekampagne in den deutschen Staaten. In dem bereits erwähnten Brief an einen Interessenten im Großherzogtum Baden vom Februar 1840 geht der spätere Agent Bach auf die zu Grunde liegende Motivation ein. So sei der gute Ruf, den deutsche AuswanderInnen aufgrund ihres friedlichen Verhaltens, ihrer Ernsthaftigkeit und ihren industriellen Fähigkeiten in vielen europäischen Kolonien genössen, ausschlaggebend für die Entscheidung gewesen, die Werbemaßnahmen auch auf die deutschen Gebiete auszuweiten.[361] Auch in Artikeln zur geplanten Antipodenkolonie wurden deutschen SiedlerInnen in der neuseeländischen Kolonialpresse Attribute wie hart arbeitend, besonnen und fleißig zugeschrieben.[362]

Nachdem Hanson das Land auf den Chatham-Inseln zunächst in Eigeninitiative von den Māori erworben hatte, erkannte die Siedlungsgesellschaft den Erwerb am 7. Oktober 1841 offiziell an.[363] Nach Richards lagen dieser Entscheidung vor allem ökonomische Motive zu Grunde, da die *New Zealand Company* glaubte, sich auf den Chatham-Inseln neue Verdienstmöglichkeiten eröffnen zu können. Durch den Verkauf der Inselgruppe an eine hanseatisch-deutsche Gesellschaft hätte die *New Zealand Company* nicht nur ihren finanziellen Verlust von 4000

[361] Vgl. Bach am 17.02.1840 an Rev. Dr. Charles Lewis Schmidt, *Papers relating to German Emigrants*, NA, CO 208/277, MF 682, A 7, S. 40.

[362] Wie in einem Artikel des *New Zealand Journal* am 08.01.1842, zit. nach Eichbaum 1950, S. 263; vgl. Berry 1964, S. 14–15.

[363] Vgl. H. Sieveking 1896, S. 160.

Pfund ausgleichen, sondern zudem einen hohen Profit erzielen können, da die *Deutsche Colonisationsgesellschaft* eine mehr als doppelt so hohe Summe für die Inseln bezahlen sollte.[364] Zusätzlich hätten deutsche SiedlerInnen als KonsumentInnen auf den benachbarten Chatham-Inseln einen Absatzmarkt für britische Produkte etablieren und sich so ökonomisch an die Kolonie Neuseeland binden können.[365]

Neben der erwarteten Bereicherung der britischen Kolonialwirtschaft durch deutsche Arbeitskräfte und KonsumentInnen sowie der finanziellen Profite durch den Weiterverkauf des Landes wollte die *New Zealand Company* nach Berry durch das Kaufangebot an Sieveking auch die deutsch-britischen Beziehungen nachhaltig stärken.[366] Dieses Argument betonten die Direktoren der *New Zealand Company* und die Hamburger Akteure vor allem der britischen Regierung gegenüber, um diese von Sievekings Kolonialplänen zu überzeugen (Siehe Kapitel 4.3.).

Schließlich merken H. Sieveking und Coppius an, die *New Zealand Company* sei mit der Besiedlung der neuseeländischen Inseln so beschäftigt gewesen, dass ihr der Verkauf der Inseln als Entlastung dienen sollte. Zudem seien sich die Direktoren der Gesellschaft über die siedlungstechnischen Nachteile der Inseln im Klaren gewesen und hätten sich der Inseln schnell wieder entledigen wollen.[367]

4.2. Die Haltung der britischen Regierung

Die britischen Regierungsvertreter, insbesondere die relevanten Akteure im Colonial Office, positionierten sich von Beginn der Verhandlungen an gegen die Hamburger Kolonisationspläne. Im Folgenden werden die möglichen Gründe für die britische Opposition untersucht, sofern diese aus den vorliegenden Quellen ersichtlich sind.

Wie bereits oben angedeutet, wurde der eigenverantwortliche Landerwerb der *New Zealand Company* in Neuseeland innerhalb der britischen Regierung höchst kritisch gesehen. James Stephen, seit 1836

364 Vgl. Richards 1993, S. 48. Richards merkt an, dass ein großer Teil des Kaufpreises in Form von Waffen, Munition, Alkohol und Kleidung entrichtet werden sollte und somit die tatsächlichen Kosten für die *New Zealand Company* sehr viel geringer gewesen seien. Vgl. ebd., S. 48.

365 Vgl. Artikel im *New Zealand Journal*, 22.01.1842, unbekannter Autor, zit. nach Eichbaum 1950, S. 264.

366 Vgl. Berry 1964, S. 14.

367 Vgl. Coppius 1905, S. 41; H. Sieveking 1928, S. 500.

einflussreicher *Permanent Undersecretary of State for War and the Colonies* und Initiator des *Treaty of Waitangi*, hatte das Vorgehen der Gesellschaft aus einer christlich-abolitionistischen Überzeugung heraus von Anfang an verurteilt. Nachdem im September 1841 unter der Leitung von Premier Sir Robert Peel eine neue *Tories*-Regierung zusammengetreten war, verstärkte sich die Feindseligkeit noch, die das Spannungsverhältnis zwischen dem Colonial Office und der *New Zealand Company* prägte. Neben Stephen dominierte Lord Stanley, der nun das Amt des *Secretary of State for War and the Colonies* bekleidete, in den folgenden Jahren die Haltung des Kolonialministeriums zu den Aktivitäten der *New Zealand Company* und wurde ein ebenso entschiedener Gegner ihrer Alleingänge wie Stephen.[368] Die zentralen Kritikpunkte der konservativen britischen Abgeordneten richteten sich gegen die Radikalität der Wakefield'schen Thesen, die moralisch zweifelhaften Maßnahmen des Landerwerbs von den Māori sowie die ständigen Versuche der Direktoren, sich der Kontrolle des Colonial Office zu entziehen.[369] Somit wurde eine grundsätzlich negative Haltung der britischen Beamten gegenüber allen Aktivitäten der *New Zealand Company* etabliert, da »London nun natürlich nicht dulden konnte, daß eine auf eigene Faust arbeitende Privatgesellschaft Kronland willkürlich erwarb und sich Verfügungsrecht darüber anmaßte.«[370]

Der Ankauf der Chatham-Inseln durch Hanson stellte aus Sicht des Colonial Office einen weiteren durch die Krone nicht autorisierten Alleingang der *New Zealand Company* dar, da ihre Vertreter offensichtlich versucht hatten, den restriktiven Einfluss der Regierung durch den Kauf von Land außerhalb der Treaty-Grenzen zu umgehen.[371] Somit können die dauerhaften Auseinandersetzungen und Meinungsverschiedenheiten zwischen den britischen Abgeordneten und den Direktoren der *New Zealand Company* als wichtige Voraussetzung für die britische Opposition gegen das Sieveking'sche Kolonisationsvorhaben angesehen werden. Dass die negative Grundeinstellung der Peel-Administration die Realisierung des Projekts gefährden könnte, befürchtete wohl auch Bremens Bürgermeister Smidt, als er Sieveking Anfang September 1841 von bindenden Verträgen mit der *New Zea-*

368 Marais beschreibt Stanley als einen fähigen und kraftvollen Parteipolitiker, der in vieler Hinsicht kompromisslos gewesen sei und keine Konflikte gescheut habe. Vgl. Marais 1927, S. 175–176.

369 Vgl. ebd., S. 177.

370 Eichbaum 1950, S. 260.

371 Vgl. Hope am 28.10.1841 an Somes, zit. nach ebd., S. 269.

land Company abriet, da es zweifelhaft sei, ob diese ihre Versprechen unter der neuen britischen Regierung erfüllen könne.[372]

Wahrscheinlich haben auch die möglichen Gefahren, die Großbritannien im Kriegsfall durch eine deutsche Kolonie in direkter Nachbarschaft zu den eigenen Kolonien drohen könnten, bei der Entscheidungsfindung im Colonial Office eine Rolle gespielt. Dieses Thema wurde immer wieder in der deutschen und britischen Presse diskutiert. So war der Autor eines Artikels in der *Times* vom 27. Dezember 1841 der Ansicht, dass die Übertragung der Souveränität über die Chatham-Inseln an die Hansestadt Hamburg aus Sicherheitsgründen mit einer ständigen Beobachtung und Überwachung ihrer neuen Regierung und aller BesucherInnen der Inseln einhergehen müsste.[373] Auch die Hamburger *Börsen-Halle* vermutete am 20. Januar 1842, England würde die eigene Vorherrschaft in der Südsee auf jeden Fall zu erhalten versuchen; »sie wird nicht dulden, so lange sie es verhindern kann, daß eine fremde Macht dort irgendwo festen Fuß fasse.«[374]

Tatsächlich nannte *Undersecretary* Stephen laut Ward in einem Gespräch mit ihm die Angst vor einem deutschen Hafen im Südpazifik im Kriegsfall als Grund für seine Skepsis den Plänen gegenüber.[375] Ob Stephens Befürchtungen von anderen Regierungsvertretern geteilt wurden, ist aus den Quellen jedoch nicht ersichtlich und kann nur vermutet werden.

Auch im deutschen Kolonialdiskurs der 1870er und 1880er Jahre tauchte das Argument einer angenommenen Angst der BritInnen vor einer möglichen Gefahr durch die wachsende Bedeutung der deutschen Kolonialpolitik wieder auf. Felicity Rash geht allerdings davon aus, dass es sich dabei vor allem um ein »firm projective stereotype of the British«[376] (also eine Annahme von Seiten der Deutschen, was die Briten über sie dachten) gehandelt habe, und weniger um real existierende Befürchtungen.

In der britischen Presse kursierte Anfang 1841 das Gerücht, Sie-

[372] Vgl. Smidt am 09.09.1841 an Sieveking, zit. nach H. Sieveking 1928, S. 500.

[373] Vgl. *Times*, 27.12.1841, ohne Seitenangaben, StAHH, 622–1/90 Sieveking, E 25, Bd. 6.

[374] Vgl. *Börsen-Halle. Hamburgische Abendzeitung für Handel, Schiffahrt und Politik*, 20.01.1842, Nr. 9200, S. 4, StAHH, 622–1/90 Sieveking, E 25, Bd. 6.

[375] Vgl. Ward am 17.12.1841 an Sieveking, StAHH, 622–1/90 Sieveking, E 25, Bd. 3, S. 155–157.

[376] Rash, Felicity J. (2012), *German Images of the Self and the Other: Nationalist, Colonialist and Anti-semitic Discourse, 1871–1918*, Basingstoke u.a., S. 167.

veking beabsichtige die Gründung einer Strafkolonie auf den Chatham-Inseln.[377] Zwar beruhigte Ward den Syndikus, dass dieser Vermutung in britischen Regierungskreisen wenig Aufmerksamkeit geschenkt werde und er selbst eine solche Intention Sievekings ausschließe.[378] Es ist jedoch möglich, dass die ablehnende Haltung des Colonial Office durch die Vorstellung einer beabsichtigten Strafkolonie noch verstärkt wurde.

Die politische Stärkung Hamburgs und die Erhaltung des Hamburger Freihafens – zwei Kernziele, die Sieveking mit der Planung der Antipodenkolonie verfolgte – waren durchaus im Sinne britischer Handelsinteressen, da ein Beitritt Hamburgs zum Zollverein auch die britische Handelsfreiheit vor Ort eingeschränkt hätte. Nach Davis hatte jedoch die Überzeugung der eigenen politischen und ökonomischen Wichtigkeit in Großbritannien seit 1815 ein generelles Desinteresse an den Entwicklungen in den deutschen Staaten hervorgebracht. Diese Tendenz war durch den zunehmenden Einfluss der Freihandels-Befürworter seit Ende der 1830er Jahre noch verstärkt worden und hatte sich in einer Politik der Nichteinmischung auf ökonomischer Ebene manifestiert, welche die Erhaltung des Status Quo zum Ziel hatte.[379] Auch wurde die britische Entscheidungsfindung nach Davis in dieser Zeit durch das Prinzip der Trennung politischer Erwägungen des Foreign Office von handelspolitischen Motiven des Board of Trade bestimmt.[380] Ein Brief Wards an Sieveking vom 17. Oktober 1841 weist darauf hin, dass die Präferenz der britischen Beamten, sich in die Angelegenheiten des Zollvereins nicht einzumischen, für die britische Opposition gegenüber den Kolonialplänen eine Rolle gespielt haben könnte. Darin berichtet er von einem Gespräch mit dem Oppositionspolitiker und späteren Premier Lord Palmerston. Dieser habe zwar die Wichtigkeit der Erhaltung des Hamburger Freihafens betont, ansonsten stehe er der Erweiterung des Zollvereins jedoch gleichgültig gegenüber. Ward resümiert: »This is

377 Dieses Gerücht wurde wahrscheinlich erstmals in einem Artikel im britischen *Morning Herald* unbekannten Datums formuliert, den andere Zeitungen anschließend ebenfalls abdruckten (zum Beispiel die *New Zealand Gazette and Wellington Spector*, Nr. III, H. 150, 15.06.1842, S. 3 und der *New Zealand Colonist and Port Nicholson Advertiser*, Nr. I, H. 4, 12.08.1842, S. 3); vgl. Eichbaum 1950, S. 263–264.

378 Vgl. Ward am 21.[24.]03.1842 an Sieveking, StAHH, 622–1/90 Sieveking, E 25, Bd. 3, S. 165.

379 Vgl. Davis, John R. (1997), *Britain and the German Zollverein, 1848–66*, Houndmills u. a., S. 12, 171.

380 Vgl. ebd., S. 44, 169.

also the view of other influential persons here, and I do not think our Government will make the slightest attempt to impede the process of the Zoll-Verein.«[381]

Nachdem die Handlungsmotive der drei Akteursgruppen nun in unterschiedlicher Intensität herausgestellt wurden, werden sich die folgenden Kapitel mit den Verhandlungen über die Souveränitätsfrage beschäftigen.

4.3. April-Oktober 1841: Bemühungen zur Überzeugung der britischen Autoritäten

Wie in Kapitel 3.1. bereits erwähnt, scheinen Sieveking und James Colquhoun schon im April 1841 den Plan gehabt zu haben, das Colonial Office von der Idee einer geschlossenen deutschen Ansiedlung in Port Natal, Australien oder Neuseeland zu unterrichten.[382] Auch nach dem Abschluss des vorläufigen Kaufvertrags über die Chatham-Inseln legten die Hamburger Akteure großen Wert darauf, die Meinung der britischen Regierung in Erfahrung zu bringen und diese positiv zu beeinflussen. Dies wird in einem Brief vom 4. Oktober 1841 deutlich, in dem Colquhoun Sieveking von einem Treffen mit Ward berichtete. Beide hätten sich bezüglich des weiteren Vorgehens darüber verständigt, zunächst die Ratifizierung des Vertrags durch die *New Zealand Company* abzuwarten, die in den nächsten Tagen erwartet werde. Anschließend würden sie gemeinsam James Stephen aufsuchen und schließlich bei Lord Stanley vorsprechen, »to ascertain if there be any difficulty to be overcome.«[383]

Am 7. Oktober erfolgte die Billigung des vorläufigen Kaufvertrags durch das *Land Committee* der *New Zealand Company.* Laut dem Protokoll der Komitee-Sitzung sollte Colquhoun beauftragt werden, im Folgenden die Haltung der britischen Regierung dazu in Erfahrung zu bringen.[384] Dieser informierte Sieveking noch am selben Tag über die Entscheidung der Direktoren und kündigte an, von der britischen

[381] Vgl. Ward am 17.10.1841 an Sieveking, StAHH, 622–1/90 Sieveking, E 25, Bd. 3, S. 146.

[382] Vgl. Colquhoun am 12.04.1841 an Sieveking, StAHH, 622–1/90 Sieveking, E 2, Bd. 1, S. 2.

[383] Colquhoun am 04.10.1841 an Sieveking, StAHH, 622–1/90 Sieveking, E 2, Bd. 1.

[384] Vgl. Protokolle der Regierungs- und Komiteesitzungen der *New Zealand Company*, *Land Committee Meeting*, 07.10.1841, NA, CO 208/186, MF 644, S. 158.

Regierung eine schriftliche Bestätigung anzufordern, dass diese kein Recht habe, sich in die Angelegenheit einzumischen. Sollte die Krone die Souveränität über die Chatham-Inseln wider Erwarten für sich beanspruchen, müssten Verhandlungen über deren Abtretung eröffnet werden.[385] Zunächst wandten sich Colquhoun und Ward am 12. Oktober gemeinsam an *Undersecretary* Hope. Dieser äußerte die Ansicht, die Krone hätte einen Anspruch auf die Oberhoheit über die Chatham-Inseln, sah die Entscheidung darüber jedoch außerhalb seines Kompetenzbereichs und verwies seine Besucher an Lord Stanley.[386]

Am 15. Oktober verfassten Colquhoun und der Vorsitzende der *New Zealand Company* Joseph Somes separate Briefe an Stanley, die das Vorhaben skizzieren und den Kolonialsekretär durch sorgsam ausgewählte Argumente davon überzeugen sollten. James Colquhoun unterrichtete Lord Stanley zunächst von dem vorläufigen Vertragsabschluss zwischen der *New Zealand Company* und der *Deutschen Colonisationsgesellschaft* mit der Absicht, die Souveränität über die Inselgruppe den Hansestädten oder einem anderen Staat des Deutschen Bundes zu übertragen.[387] Die große Zahl von AuswanderInnen, die jährlich die deutschen Staaten verließe, habe das Verlangen nach einer eigenständigen deutschen Siedlungskolonie genährt. Die koloniale Vorherrschaft Großbritanniens in vielen Teilen der Welt, welche die Suche nach einem passenden Territorium erschwere, habe jedoch in der deutschen Presse eine Welle antibritischer Vorurteile hervorgerufen. Die Billigung der Hamburger Kolonisationspläne auf den Chatham-Inseln – je nach Rechtslage entweder durch eine Verzichtserklärung oder eine formelle Übertragung der Souveränität – könnte die Verschärfung jener antibritischen Stimmungen verhindern und so indirekt den Interessen Großbritanniens dienen. Zudem sei direkter ökonomischer Gewinn von der Ansiedlung der Überschussbevölkerung – moralisch und physisch gesunden ArbeiterInnen mit einigem Kapital – in den britischen Nachbarkolonien Neuseeland und Australien zu erwarten.[388] Auch die starke Opposition Sievekings gegen die Aufnahme der Hansestädte in den Zollverein sei unterstüt-

[385] Vgl. Colquhoun am 07.10.1841 an Sieveking, StAHH, 622–1/90 Sieveking, E 2, Bd. 2.

[386] Vgl. Colquhoun am 12.10.1841 an Sieveking, StAHH, 622–1/90 Sieveking, E 2, Bd. 1; H. Sieveking 1896, S. 160; H. Sieveking 1928, S. 509.

[387] Vgl. Colquhoun am 15.10.1841 an Stanley, StAHH, 622–1/90 Sieveking, E 2, Bd. 1, S. 1.

[388] Vgl. ebd., S. 2–3.

zenswert und entspräche britischen Handelsinteressen vor Ort. Eine deutsche Kolonie auf den Chatham-Inseln, ohne Sträflinge oder Sklaven als SiedlerInnen, könne für Großbritannien nur von Vorteil sein, da von einer friedlichen Gemeinschaft wie den Hansestädten keine militärische Gefahr ausginge und so einer gewaltsamen Aneignung durch eine koloniale Großmacht vorgebeugt werden könne. Im Übrigen könne die Abtretung dieser kleinen, unbedeutenden Inselgruppe wohl kaum als Opfer für Großbritannien angesehen werden, da die Krone bisher in keiner Weise von ihr profitiert habe. Nach dem Meistbegünstigungsprinzip seien britische Handelsinteressen vor Ort abgesichert.[389] Zusammenfassend würde eine deutsche Kolonie auf den Chatham-Inseln die Vorteile eines eigenen Kolonialbesitzes ohne administrativen Aufwand sichern: »[It] would derive all the intercolonial advantages of a British possession without the expense of maintaining it or the trouble of governing it.«[390]

Joseph Somes verfolgte in seinem Brief an Lord Stanley, den Eichbaum als »geschicktes Gemisch von ehrlicher Handlungsweise und dem Versuch, gesetzlich fragwürdige Ansprüche so darzustellen, daß sie als berechtigte und wohlverdiente Forderungen erscheinen«[391] bezeichnet, eine andere Strategie. Nachdem er den Kolonialsekretär über die Verkaufsverhandlungen informiert hatte, führte auch er einige Argumente zum Zweck der Überzeugung der britischen Beamten an, wie die Aussicht auf materielle Handelsvorteile für die Kolonie Neuseeland und die Eröffnung eines neuen Absatzmarkts für britische Produkte. Nach Somes sei die wichtigste Motivation der *New Zealand Company*, die Inselgruppe an einen Repräsentanten der deutschen Hansestädte (die sicherlich nie von politischer Feindschaft gegen Großbritannien bestimmt sein würden) zu veräußern, in dem Verlangen begründet gewesen, »to give useful neighbours to the settlements which they had founded in New Zealand.«[392]

Das Hauptaugenmerk legte Somes jedoch auf den Versuch, das staatsrechtliche Verhältnis der Inselgruppe in einer bestimmten Weise darzustellen. So postulierte er in Bezug auf die Souveränitätsfrage die Legitimität des Anspruchs der *New Zealand Company*:

389 Vgl. ebd., S. 4–5.
390 Colquhoun am 15.10.1841 an Stanley, StAHH, 622–1/90 Sieveking, E 2, Bd. 1, S. 6.
391 Vgl. Eichbaum 1950, S. 262.
392 Somes am 15.10.1841 an Stanley, zit. nach ebd., S. 268–269.

[The Directors] believe that no claim to the sovereignty of the islands in question has ever been advanced on the part of the British Crown [...] and that like New Zealand, before the late cession of that country to Her Majesty's Government, the Chathams are a foreign country within the meaning of Act 9 Geo. IV, c. 83, and previous Acts.[393]

Damit machte er sich die Meinung des Agenten Hanson zu den Besitzverhältnissen der Chatham-Inseln zu eigen und versuchte diese durch einen Verweis auf den Australian Courts Act von 1828 (9 Geo 4 c 83)[394], der von der britischen Regierung nicht auf die Chatham-Inseln ausgeweitet worden war, als rechtmäßig darzustellen.

Am folgenden Tag sandte Colquhoun dem Syndikus eine Kopie seines Briefes an Stanley und berichtete darin auch von der in Somes' Schreiben vertretenen Meinung über die Souveränitätsfrage. Zudem gab Colquhoun zu, dass ihm die Formulierung des Briefes schwer gefallen sei. Als Grund dafür nannte er die Tatsache, dass Sieveking den Vorvertrag mit Ward in der Funktion eines Syndikus abgeschlossen habe, ohne jedoch vorher oder hinterher mit dem Hamburger Rat über die Angelegenheit kommuniziert zu haben.[395] Tatsächlich kann die zentrale Frage, welche Position der Hamburger Rat den Kolonisationsplänen gegenüber einnahm, aus den vorliegenden Quellen nicht beantwortet werden. Zwar hatte Sieveking seinem Sohn bereits am 13. November 1841 von dem Plan berichtet, die Hamburger Kommerzdeputation offiziell von seinem Vorhaben zu unterrichten[396], ob und mit welchem Ergebnis er mit den Regierungsorganen über seinen Kolonisationsplan kommunizierte, bleibt jedoch ungeklärt.

Die Antwort Stanleys fiel kurz und wenig erfreulich aus. In seinem Namen schrieb Hope am 25. Oktober 1841 an Colquhoun, er habe sich als Agent der Hansestädte in dieser Angelegenheit an das Außenministerium zu wenden. Das Vorgehen der *New Zealand Company* werde allerdings von den Abgeordneten des Colonial Office ausdrücklich

393 Ebd., S. 268.

394 Für den genauen Wortlaut des Gesetzes siehe ACT Parliamentary Counsel (Hg.) (2002), *Australian Courts Act 1828 9 Geo 4 c 83*, http://www.legislation.act.gov.au/a/db_1785/19870112–2268/pdf/db_1785.pdf, zuletzt aufgerufen am 18.03.2014.

395 Vgl. Colquhoun am 16.10.1841 an Sieveking, StAHH, 622–1/90 Sieveking, E 2, Bd. 1.

396 Vgl. H. Sieveking 1928, S. 517.

nicht gebilligt.[397] Trotz der ablehnenden Worte Hopes schien die Angelegenheit damit noch nicht erledigt, da, wie H. Sieveking anmerkt, noch die Hoffnung bestanden habe, dass der Außenminister Aberdeen oder Premier Peel »für ein Entgegenkommen aus allgemein-politischen Gründen zu gewinnen« seien.[398]

Karl Sieveking wollte die Überzeugung der britischen Regierung unterdessen nicht allein der *New Zealand Company* und Colquhoun überlassen. Er reiste in eigener Verantwortung – jedoch mit Wissen des Rats, da er dort auch andere diplomatische Angelegenheiten zu regeln hatte – nach England und traf am 20. Oktober 1841, also noch bevor das Colonial Office auf die Briefe reagiert hatte, in London ein.[399] Am 25. Oktober wurde Sieveking eine Audienz bei dem Earl of Aberdeen gewährt. Dieser begegnete dem Syndikus freundlich, verwies jedoch auf Lord Stanley als zuständigen Entscheidungsträger.[400] Am selben Tag hatten also Kolonialminister Stanley (schriftlich durch Hope an Colquhoun) und Außenminister Aberdeen (persönlich an Sieveking) die Verantwortung für die politisch brisante Souveränitätsfrage der Chatham-Inseln von sich gewiesen und die Entscheidungskompetenz dem jeweils anderen Ministerium übertragen.

Sieveking entschied deshalb, sich an die höchste politische Instanz Großbritanniens zu wenden und erläuterte Premier Peel am 29. Oktober in einem persönlichen Gespräch sein politisches Programm einer engen Verbindung zwischen England und den Hansestädten zum Schutz der deutsch-britischen Freundschaft und der hanseatischen Unabhängigkeit. Peel stimmte zu, befürwortete nationalistische Tendenzen in den deutschen Staaten und äußerte in Bezug auf das Chatham-Vorhaben, dass der Earl of Aberdeen der Ansicht sei, die britische Regierung habe in dieser Angelegenheit kein Recht, sich einzumischen.[401] Die folgende Entwicklung der Verhandlungen zeigt, dass Peel in kolonialen Angelegenheiten nur wenig Einfluss auf Entscheidungen des Colonial Office ausüben konnte. Sieveking zeigte sich jedoch für

[397] Vgl. Hope am 25.10.1841 an Colquhoun, StAHH, 622–1/90 Sieveking, E 2, Bd. 1.

[398] H. Sieveking 1928, S. 510; vgl. H. Sieveking 1896, S. 160.

[399] In London sollte der Syndikus im Auftrag des Senats Verhandlungen über den Stader Zoll und andere Hamburger Angelegenheiten führen, von größter persönlicher Wichtigkeit waren ihm jedoch die Verhandlungen über seine Antipodenkolonie. Vgl. ebd., S. 160; H. Sieveking 1928, S. 510.

[400] Vgl. *Memorandum of a Conversation between Lord Aberdeen and Mr. Sieveking, Oct. 25 1841*, StAHH, 622–1/90 Sieveking, E 25, Bd. 3, S. 81–87.

[401] Vgl. H. Sieveking 1896, S. 161; H. Sieveking 1928, S. 512.

den Augenblick mit diesem vagen Entgegenkommen des Premiers und dessen Anerkennung des Aufschwungs deutscher Nationalität zufrieden. Die weiteren Verhandlungen über die Souveränitätsfrage legte er in die Hände der *New Zealand Company* und widmete sich in London nun vor allem gesellschaftlichen und geschäftlichen Aktivitäten.[402]

Die Hamburger Akteure Sieveking und Colquhoun versuchten, die britischen Beamten vor allem mit drei Argumenten von ihren Plänen zu überzeugen. Erstens könne die Ausweitung antibritischer Strömungen in den deutschen Staaten zum Nachteil britischer Handelsinteressen verhindert werden. Zweitens würde eine enge Verbindung Englands mit den Hansestädten den restriktiven Einfluss des Zollvereins eindämmen. Drittens seien für die britischen Nachbarkolonien Vorteile durch die Ansiedlung wertvoller deutscher AuswanderInnen zu erwarten, nachdem auf den Chatham-Inseln alle Landstücke verkauft sein würden. Die *New Zealand Company* hob vor allem den dritten Aspekt als Motivation für ihr Engagement hervor und versuchte, die Rechtmäßigkeit ihres Vorgehens durch den Hinweis auf koloniale Gesetzgebungen zu unterstreichen.

4.4. Oktober 1841–April 1842: Verzögerungstaktik der *New Zealand Company*

Von Beginn der Verhandlungen an waren die Vertreter der *New Zealand Company* darauf bedacht, Sieveking in Bezug auf die ungeklärte Rechtslage der Chatham-Inseln zu beruhigen und ihm den Eindruck zu vermitteln, eine stillschweigende Genehmigung hanseatischer oder deutscher Souveränität über die Inselgruppe seitens der britischen Regierung sei ausreichend.[403] Zudem ließ Ward dem Syndikus »schöne Panoramas, Ansichten und Pläne« und »glänzende Berichte«[404] über die Chatham-Inseln zukommen und versuchte dadurch scheinbar, von den zu überwindenden politischen Hürden abzulenken. Nachdem der Kolonialminister die Briefe vom 15. Oktober erhalten hatte, schrieb Ward

[402] Vgl. H. Sieveking 1896, S. 161; H. Sieveking 1928, S. 510–511. So besuchter er mit Ward den noblen Reformclub, traf Bunsen und Geograph Ritter sowie Hamburger Kaufleute und knüpfte zusammen mit Colquhoun in Post und Zoll Kontakte zu einflussreichen Geschäftsleuten. Vgl. H. Sieveking 1896, S. 160; H. Sieveking 1928, S. 512.

[403] Vgl. H. Sieveking 1896, S. 157; H. Sieveking 1928, S. 504.

[404] H. Sieveking 1896, S. 161; vgl. H. Sieveking 1928, S. 504, 512.

zuversichtlich an Sieveking: »We have laid the matter in writing before Lord Stanley, and at present there seems no reason to think he will object to your colonizing the Chathams. However, the subject will require some consideration.«[405]

Am 28. Oktober reagierte Lord Stanley auch auf das Schreiben des *New Zealand Company*-Direktors Somes. Im Gegensatz zu der drei Tage zuvor verfassten knappen Antwort an Colquhoun lässt dieser Brief keinen Zweifel an der klaren Opposition des Colonial Office dem Kolonialvorhaben gegenüber und Stanleys Plan, die Realisierung desselben zu verhindern. Stanley sehe demnach in der Royal Charter der *New Zealand Company* keinerlei Berechtigung, mit dem Kapital der Gesellschaft Land in einem nach ihren eigenen Aussagen staatsfremden Territorium (den Chatham-Inseln) zu erwerben. Noch weniger sei die *New Zealand Company* seiner Ansicht nach berechtigt, zum Zweck der Gründung einer fremden Kolonie in direkter Nachbarschaft britischen Kolonialbesitzes in Verhandlung mit diplomatischen Vertretern eines fremden Staates zu treten. Der Brief enthält zudem die Ankündigung Stanleys, durch eine offizielle Untersuchung der obersten Rechtsberater der britischen Regierung für Neuseeland die Rechtmäßigkeit dieses Vorgehens klären zu lassen und im Falle eines Verstoßes gegen das Gesetz mögliche Konsequenzen für die *New Zealand Company* auszuarbeiten (wie die Entziehung der Royal Charter).[406]

Die Antwort des Vorsitzenden Somes vom 5. November stellt einen geschickten Versuch dar, das Vorgehen John Wards im Rahmen der Hamburger Kolonisationspläne nachträglich als Handlung einer Privatperson darzustellen, die nicht im Auftrag der *New Zealand Company* agierte. So versicherte Somes, die Direktoren seien als Handlungsbevollmächtigte der Gesellschaft – anders als die unachtsame Formulierung in vorangegangenen Briefen es vermuten ließ – keineswegs eine vertragliche Vereinbarung zur Veräußerung der Chatham-Inseln eingegangen. Auch sei kein Kapital der *New Zealand Company* für den Landkauf von den Māoristämmen verwendet worden, da der Agent Hanson die erforderliche Anzahlung als Einzelperson noch vor der Inkorporierung der Gesellschaft durch Royal Charter beglichen habe.[407] Bezüglich der Souveränitätsfrage versicherte Somes, die Direktoren

[405] Ward am 17.10.1841 an Sieveking, StAHH, 622–1/90 Sieveking, E 25, Bd. 3, S. 144.

[406] Vgl. Hope am 28.10.1841 an Somes, zit. nach Eichbaum 1950, S. 269; Berry 1964, S. 16; Harrop 1926, S. 77; Richards 1993, S. 48; H. Sieveking 1928, S. 530.

[407] Vgl. Somes am 05.11.1841 an Stanley, zit. nach Eichbaum 1950, S. 262.

hätten nicht die geringste »intention of dealing with the sovereignty of the Chatham Islands, or pretending to transfer it to a foreign power.«[408]

Der Brief zeigt deutlich, dass die Direktoren der *New Zealand Company*, die den vorläufigen Kaufvertrag mit Sieveking am 7. Oktober 1841 selbst ratifiziert hatten, nun die Entscheidung getroffen hatten, eine Involvierung in das Kolonisationsvorhaben offiziell zu leugnen, um Schaden von der Gesellschaft abzuwenden. Er markiert zudem den Beginn eines doppelten Spiels der *New Zealand Company*, da ihre Vertreter die Verhandlungen mit den Hamburger Akteuren trotz dieser offiziellen Positionierung gegen das Projekt fortsetzten.

Lord Stanley ließ Hope am 11. November und 1. Dezember zwei weitere Schreiben an Somes verfassen, welche die endgültige Ablehnung des Vorhabens durch das Colonial Office ausdrückten und ihn über die Entscheidung der britischen Rechtsgelehrten informierten. (Diese hatten in einem Gutachten die Ungesetzmäßigkeit des Vorgehens der *New Zealand Company* festgestellt.) Da sie gegen die königliche Prärogative verstoßen hätten, seien die Verhandlungen und der Vertrag mit Sieveking illegal und könnten zur Entziehung des königlichen Freibriefs der Siedlungsgesellschaft führen, falls die Direktoren der *New Zealand Company* auf die Erfüllung des Vertrags bestünden.[409] Daraufhin versicherte Somes am 7. Dezember erneut, die Direktoren seien nicht in das Sieveking'sche Vorhaben eingebunden und würden sich auch in Zukunft in keinerlei illegales oder unzulässiges Vorgehen involvieren.[410]

Die weitere Entwicklung der internationalen Korrespondenz zeigt dagegen, dass die *New Zealand Company* noch lange nicht bereit war, das Projekt fallen zu lassen. Die Direktoren begannen nun, die Hamburger Akteure mit leeren Versprechungen hinzuhalten, obwohl sie sich der Bedeutung der Ablehnung durch das Colonial Office bewusst waren. Am 2. Dezember – also nachdem Stanley das Verhalten der Gesellschaft bereits für illegal erklärt hatte – berichtete Ward dem Syndikus zwar von Stanleys Opposition, verlieh allerdings auch der Hoffnung Ausdruck, dass Premier Peel von der Fortsetzung der Verhandlungen überzeugt werden könnte. Die Direktoren, so Ward,

[408] Somes am 05.11.1841 an Stanley, zit. nach »The Chatham Islands«, in: *New Zealand Colonist and Port Nicholson Advertiser,* Nr. 1, H. 72, 07.04.1843, S. 3.

[409] Vgl. Hope am 11.11. und 01.12.1841 an Somes, zit. nach Eichbaum 1950, S. 262; Allan 1965, S. 310; Harrop 1926, S. 77–78; H. Sieveking 1896, S. 168; H. Sieveking 1928, S. 532.

[410] Vgl. Somes am 07.12.1841 an Stanley, zit. nach Eichbaum 1950, S. 262; Allan 1965, S. 310; Harrop 1926, S. 78.

könnten sich aufgrund ihrer Probleme mit dem Colonial Office erst nach der Klärung anderer Fragen offiziell für die Hamburger Kolonisationspläne einsetzen. Er versicherte jedoch: »But I shall bear the matter anxiously in mind, and let you know as soon as the Company is disposed to entertain it [...].«[411]

Am 17. Dezember berichtete Ward Sieveking von einem Gespräch mit *Undersecretary* Stephen und vermerkte mit Bedauern, dass dieser aufgrund seiner Angst vor einem deutschen Hafen in der Südsee im Kriegsfall dem Projekt gegenüber skeptisch eingestellt sei. Aufgrund dessen schlug er Sieveking vor, künftig in dieser Angelegenheit nur noch direkt mit dem Foreign Office zu kommunizieren.[412]

Eichbaum zufolge hat Lord Stanley die Verantwortlichen in der *New Zealand Company* und im Foreign Office ausdrücklich gebeten, die Hamburger Vertragspartner von dem offiziellen Verbot der Kolonialpläne durch das Colonial Office zu unterrichten.[413] In den vorliegenden Quellen ist jedoch kein Hinweis auf ein entsprechendes Schreiben an Sieveking zu finden. Vielmehr ist es sehr wahrscheinlich, dass der Syndikus sämtliche Informationen über den Fortgang der Verhandlungen von John Ward erhielt, der ihm entscheidende Aspekte vorenthielt und ihn dadurch in seinem Sinne manipulieren konnte.

In dem Glauben gelassen, dass der Plan einer deutschen Kolonie auf den Chatham-Inseln noch immer Aussicht auf Realisierung hatte, intensivierte Sieveking im Januar 1842 sein Werben um einflussreiche hanseatische Mitglieder für seine geplante *Deutsche Colonisationsgesellschaft*. Am 8. Februar drückte Ward dem Syndikus seine Freude über den Fortschritt in der Planung der Gesellschaft aus und vermerkte zuversichtlich: »As between the two Companies there will be no difficulty, but a formal negotiation must be opened between some German State and the British Government through the Foreign Office.«[414]

Er sei mit Freude dazu bereit – wenn die Zeit hierfür gekommen sein würde – beim Verfassen eines diplomatischen Schreibens an das

[411] Ward am 03.12.1841 an Sieveking, StAHH, 622–1/90 Sieveking, E 25, Bd. 3, S. 153. Am 7. November hatte Ward Sieveking bereits zur Fortsetzung der Verhandlungen ermutigt, da er überzeugt war, Stanley würde trotz anfänglicher Zweifel der Gründung der deutschen Kolonie früher oder später zustimmen. Vgl. Ward am 09.11.1841 an Sieveking, StAHH, 622–1/90 Sieveking, E 25, Bd. 3, S.148–149.

[412] Vgl. Ward am 17.12.1841 an Sieveking, StAHH, 622–1/90 Sieveking, E 25, Bd. 3, S. 155–157.

[413] Vgl. Eichbaum 1950, S. 262.

[414] Ward am 08.02.1842 an Sieveking, StAHH, 622–1/90 Sieveking, E 25, Bd. 3, S. 163.

Außenministerium behilflich zu sein, durch das die Hansestädte oder ein anderer deutscher Staat eine solche formelle Verhandlung eröffnen würden. Zunächst müsse die Gesellschaft jedoch konstituiert werden.[415]

Dieser Brief zeigt, dass die *New Zealand Company* nun eine neue Strategie verfolgte: Da die direkte Kommunikation über die Souveränitätsfrage zwischen der *New Zealand Company* und dem Colonial Office gescheitert war, sollte das Problem nun auf anderer Ebene gelöst werden. Durch eine offizielle Anfrage eines deutschen Staates an das Foreign Office wollte die *New Zealand Company* das Colonial Office und besonders ihren schärfsten Widersacher Stanley umgehen. Dadurch hoffte sie, den Fokus der Unterredungen von den generellen Feindseligkeiten zwischen der Gesellschaft und den Akteuren des Colonial Office abzulenken und der Antipodenkolonie doch noch zur Gründung zu verhelfen.

Die neue Vorgehensweise der *New Zealand Company* wird auch in einem Sitzungsprotokoll der Direktoren der *New Zealand Company* vom 24. Februar deutlich. Demnach habe Ward von dem Wunsch der *Deutschen Colonisationsgesellschaft* berichtet, den Kauf der Inselgruppe wie vereinbart durchzuführen und nun den ersten Teil des Kaufpreises zu entrichten. Die Direktoren hätten daraufhin beschlossen, die offiziellen Verhandlungen mit dem Foreign Office dem liberalen Politiker und Juristen Charles Buller zu übertragen, wahrscheinlich da dieser als Privatsekretär Lord Durhams mit den Aktivitäten der *New Zealand Company* vertraut war. Assistiert von Sieveking und Colquhoun solle Buller die deutschen Interessen bis zur Klärung der Frage, welchem deutschen Staat die Souveränität über die Chatham-Inseln zukünftig übertragen werden würde, vertreten. Das Protokoll lässt keinen Zweifel daran, dass die *New Zealand Company* trotz ihrer offiziellen Beteuerung des Gegenteils nach wie vor in die Hamburger Kolonisationspläne involviert war und versuchte, das Colonial Office durch die Wahl anderer, offiziellerer Kommunikationswege zu hintergehen. Laut Harrop hat die *New Zealand Company* später versucht, dieses Protokoll aus den Akten zu löschen, es ist jedoch noch lesbar.[416] Falls dies zuträfe, würde es erneut verdeutlichen, dass die Gesellschaft zum Erreichen ihrer Ziele auch kriminelle Methoden nicht scheute. Am folgenden Tag versicherte Ward dem Syndikus: »[...] wir bleiben bei dem Vertrage.«[417]

[415] Vgl. ebd., S. 163–164.

[416] Vgl. Harrop 1926, S. 80.

[417] Vgl. H. Sieveking 1896, S. 168; H. Sieveking 1928, S. 531.

Am 15. Februar war die *Deutsche Colonisationsgesellschaft* durch die Unterzeichnung der Statuten in Hamburg konstituiert worden. H. Sieveking schreibt, die Statuten der Gesellschaft seien bereits am 17. Februar in der deutschen Presse veröffentlicht worden.[418] Diese Behauptung ließ sich durch eine Untersuchung der zeitgenössischen Zeitungsartikel jedoch nicht belegen. Vielmehr deutet alles darauf hin, dass Ward den Syndikus überzeugen konnte, die Statuten zunächst geheim zu halten, da die zweigleisige Strategie der *New Zealand Company* aufgeflogen wäre, wenn das Colonial Office von der Konstituierung der *Deutschen Colonisationsgesellschaft* erfahren hätte.

Am 25. Februar schlug Ward Sieveking eine dreimonatige Verlängerung des Ratifizierungszeitraums vor, um die Souveränitätsfrage endgültig zu klären. Das Angebot der Gesellschaft, die erste Rate zu zahlen, lehnte er großzügig ab. (Der wahre Grund liegt wahrscheinlich darin, dass eine finanzielle Transaktion die Geheimhaltung der Verhandlungen ebenfalls gefährdet hätte.)[419] Sieveking war eine Verlängerung nur recht, da er hoffte, weitere Aktienzeichner gewinnen zu können, auch wenn sich dieses ohne die Bekanntgabe der Statuten als schwierig gestaltete.[420]

Ward berichtete dem Syndikus am 4. März von der Kontaktaufnahme Bullers mit Peel; der Premier müsse nun mit Kolonialminister Stanley Rücksprache halten. Zudem drängte Ward Sieveking zur Geheimhaltung der neuesten Entwicklungen und versicherte erneut, die Direktoren der *New Zealand Company* hielten weiterhin zuversichtlich an der Vereinbarung fest.[421]

Am 14. März druckte die *Hamburgische Abendzeitung* dann einen langen Artikel mit dem Titel »Warrekauri«. Darin versuchte der Autor, gegen den Kolonisationsplan laut gewordene Vorbehalte zu entkräften. Zudem vermerkte er, die Vertragspartner hätten sich über einen Aufschub des Ratifizierungszeitraums verständigt, »um die dadurch gewonnene Frist zu einer Erledigung der völkerrechtlichen Vorfrage und zu vollständiger Constituierung der Gesellschaft zu benutzen, deren Grund in Hamburg durch die Actienzeichnung gelegt worden [war].«[422]

418 Vgl. H. Sieveking 1896, S. 168; H. Sieveking 1928, S. 525.

419 Vgl. Ward am 25.02.1842 an Sieveking, StAHH, 622–1/90 Sieveking, E 25, Bd. 3, S. 172–175; Berry 1964, S. 16–17; Eichbaum 1950, S. 263.

420 Vgl. H. Sieveking 1928, S. 532.

421 Vgl. Ward am 04.03.1842 an Sieveking, StAHH, 622–1/90 Sieveking, E 25, Bd. 3.

422 *Hamburgische Abendzeitung für Handel, Schiffahrt und Politik*, 14.03.1842, Nr. 9245, S. 4, StAHH, 622–1/90 Sieveking, E 25, Bd. 3.

Dass die *New Zealand Company* nach wie vor mit Sieveking über die Gründung der deutschen Kolonie verhandelte, ließ sich nun nicht mehr leugnen. Zwar beruhigte Ward Sieveking am 21. (oder 24.) März noch ein letztes Mal, »we must have patience for some little time«[423], doch das endgültige Scheitern der Hamburger Kolonisationspläne war nicht mehr zu verhindern. Ob Sieveking von der Verzögerungstaktik der *New Zealand Company* und dem tatsächlichen Ausmaß ihrer Auseinandersetzungen mit dem Colonial Office bis zu diesem Zeitpunkt schon etwas geahnt hatte, bleibt unklar. Spätestens am 22. März informierte ihn Colquhoun jedoch davon. Von einem Mitarbeiter des Colonial Office habe er erfahren, dass der Gesellschaft mit der Entziehung der Royal Charter gedroht worden war und sie daraufhin jegliche Involvierung in das Vorhaben geleugnet hatte. Er resümierte:

> *[I]t is quite clear to me that there is an unsound feeling between the Company & the Office which will preclude any confirmation on any facility in carrying into execution the negotiation between the German Colonization Company & the New Zealand Company quod the Chatham Islands.*[424]

Einen letzten Klärungsversuch durch Ward im Rahmen einer Privataudienz lehnte James Stephen entschieden ab.[425] Am 29. März ließ Stephen im Auftrag Stanleys den Syndikus darüber informieren, dass Ward im Rahmen seines Amtes kein Recht dazu gehabt habe, über die Veräußerung der Chatham-Inseln zu verhandeln und die Inselgruppe zukünftig Teil der Kolonie Neuseeland sein werde. Am selben Tag verfasste Hope im Namen Stanleys einen ähnlichen Brief an den *New Zealand Company*-Direktor Somes, in dem er noch einmal die Nichtanerkennung des vorläufigen Vertrags durch die britische Regierung deutlich machte. Außerdem betonte er, dass auf den Chatham-Inseln, wie in Neuseeland, ohne die ausdrückliche Genehmigung der Kolonialmacht kein Land erworben werden dürfe und diese generell nur dem Kauf von Landstücken bis maximal 2 500 Acre (etwa 1 011 Hektar) zustimmen würde (also einer sehr viel kleineren Fläche als der auf den Chatham-Inseln durch Hanson erworbenen).[426] Am 1. April musste Ward schließlich zugeben, dass

[423] Ward am 21.[24.]03.1842 an Sieveking, StAHH, 622–1/90 Sieveking, E 25, Bd. 3, S. 165.

[424] Colquhoun am 22.03.1842 an Sieveking, StAHH, 622–1/90 Sieveking, E 2, Bd. 1.

[425] Vgl. Eichbaum 1950, S. 262.

[426] Vgl. Hope am 29.03.1842 an Somes, zit. nach »The Chatham Islands«, in: *New Zealand Colonist and Port Nicholson Advertiser,* Nr. 1, H. 72, 07.04.1843, S. 3;

es keine Aussicht mehr gebe, eine deutsche Kolonie auf den Chatham-Inseln zu gründen.[427] Am 4. April unterzeichnete Königin Victoria dann ein königliches Letters Patent, das die östliche Grenze Neuseelands auf den 173. westlichen Längengrad ausweitete und damit die Chatham-Inseln in das *Treaty of Waitangi* einschloss.[428]

Ob die britische Krone auf der Basis der Entdeckung durch Broughton 1791 tatsächlich einen legalen Anspruch auf die Souveränität über die Inseln hatte, ist eine von RechtshistorikerInnen kontrovers diskutierte Frage. Eine Analyse der entsprechenden staatsrechtlichen Zusammenhänge kann und soll aufgrund ihrer Komplexität im Rahmen dieser Publikation nicht vorgenommen werden.[429] Die tatsächliche Rechtslage war für die hier untersuchten Handlungsmotive und Vorgehensweisen der Beteiligten auch nur von sekundärer Bedeutung, da vielmehr die jeweilige Wahrnehmung derselben die praktische Handlungsgrundlage der Akteure bestimmte.

Am 8. April argumentierte Somes erneut, dass die *New Zealand Company* erst nach Inkrafttreten der Royal Charter von den Landkäufen des Agenten Hanson erfahren und nach dem Abschluss des Vertrags mit der Regierung diese nicht bestätigt habe.[430] Tatsächlich hatte Hansons Schreiben vom 15. Juni 1840 die Direktoren jedoch am 23. November 1840 erreicht, also lange vor der königlichen Inkorporierung der Gesellschaft im Frühjahr 1841.[431] Aus den Quellen geht zudem klar hervor, dass Hanson im Auftrag der *New Zealand Company* nach Neuseeland geschickt worden war, um so viel Land wie möglich für die Gesellschaft zu erwerben, bevor die Krone dies durch eine offizielle Annexion verhindern konnte. Mit ausdrücklicher Genehmigung William Wakefields, der zu dieser Zeit die Interessen der *New Zealand Company* in Neuseeland vertrat, war Hanson dann auf die Chatham-Inseln ausgewichen, eben weil diese Inselgruppe nicht in die Proklamation Hobsons eingeschlossen worden war.[432] Hanson

Coppius 1905, S. 43; Eichbaum 1950, S. 262; Richards 1993, S. 49; Schramm 1950, S. 80; H. Sieveking 1896, S. 168–169; H. Sieveking 1928, S. 531–532.

427 Ward am 01.04.1842 an Sieveking, StAHH, 622–1/90 Sieveking, E 25, Bd. 3, S. 179.

428 Vgl. Richards 1993, S. 49.

429 Siehe dazu beispielsweise Hight, James; Harry D. Bamford (1914), *The Constitutional History and Law of New Zealand*, Christchurch.

430 Vgl. Somes am 08.04.1842 an Stanley, zit. nach »The Chatham Islands«, in: *New Zealand Colonist and Port Nicholson Advertiser,* Nr. 1, H. 72, 07.04.1843, S. 3.

431 Vgl. Harrop 1926, S. 75.

432 Vgl. Treaty of Waitangi Tribunal (Hg.) (2001), »Rekohu: A Report on Moriori and Ngati Mutunga Claims in the Chatham Islands« (= Wai Nr. 64: Waitangi

handelte also im Auftrag der *New Zealand Company*, auch wenn die Gesellschaft zu diesem Zeitpunkt noch nicht vertraglich an die Bestimmungen der britischen Regierung gebunden war.

Nachdem Sieveking am 6. April 1842 über das Machtwort der Regierung informiert worden war[433], verfasste er im Namen der *Deutschen Colonisationsgesellschaft* eine Stellungnahme, die er am 14. April in der *Hamburgischen Abendzeitung* veröffentlichen ließ. Darin gibt der Syndikus die Entscheidung der britischen Regierung bekannt, die Chatham-Inseln den in Neuseeland geltenden Gesetzen zu unterstellen, nach denen der Kauf der Inselgruppe durch die *New Zealand Company* und die vertragliche Vereinbarung zur Veräußerung derselben unrechtmäßig gewesen sei. Da unter diesen Umständen die vorläufige Übereinkunft vom 12. September 1841 als aufgehoben zu betrachten sei, erkläre »die unterzeichnete Comité mit Dank für das ihr bewiesene Vertrauen eine jede in dieser Beziehung gegen sie eingegangene Verbindlichkeit für erloschen.«[434]

Das Projekt, eine deutsche Kolonie in der Südsee zu gründen, war mit der offiziellen Auflösung der *Deutschen Colonisationsgesellschaft* gescheitert und die britische Regierung betrachtete die Angelegenheit damit als erledigt.[435]

Die *New Zealand Company* gab noch immer nicht ganz auf und versuchte noch bis August 1842, wenigstens eine Genehmigung für den Besitz der maximal zulässigen Landfläche von 2 500 Acre auf der Inselgruppe zu erhalten, jedoch erfolglos.[436]

Smidt tröstete den Syndikus mit dem lateinischen Sprichwort »In magnis voluisse sat est« (»In großen Dingen genügt es auch, sie gewollt zu haben«)[437] und Godeffroy schrieb seinem Freund Sieveking am 20. März 1842 aus Berlin:

Tribunal Report), https://forms.justice.govt.nz/search/Documents/WT/wt_DOC_68595363/Wai64.pdf, zuletzt aufgerufen am 18.03.2014.

433 Vgl. Hodges am 06.04.1842 an Sieveking, StAHH, 622–1/90 Sieveking, E 25, Bd. 3, S. 189.

434 *Hamburgische Abendzeitung für Handel, Schiffahrt und Politik*, 14.04.1842, Nr. 9272, S. 4, StAHH, 622–1/90 Sieveking, E 25, Bd. 3.

435 Vgl. Eichbaum 1950, S. 262; Gründer 1999, S. 14; Moltmann 1989, S. 65; Schramm 1950, S. 80; H. Sieveking 1928, S. 532; Washausen 1968, S. 15.

436 Die britische Regierung lehnte entschieden ab, da der angenommene Anspruch der *New Zealand Company* auf 2 500 Acre auf den Chatham-Inseln auf einer Missinterpretation von Stanleys Worten beruhe und es zudem eine frühere Anspruchserklärung eines Walter Brodie vom 21.03.1841 gäbe. Für den genauen Ablauf der weiteren Korrespondenz siehe Berry 1964, S. 17–18; Eichbaum 1950, S. 263; Harrop 1926, S. 80; Richards 1993, S. 49.

437 Vgl. H. Sieveking 1928, S. 532.

Warrekauris Schwanengesang hab' ich erhalten und gratuliere Ihnen im Einverständniß mit allen Ihren hiesigen Freunden von Herzen dazu, daß es Ihnen gelungen ist, sich die verzweifelte Insel noch in guter Zeit und auf so gute Weise wieder vom Halse zu schaffen. […] Das Verdienst der ersten Auffassung des großartigen Gedankens der deutschen Colonisation wird Ihnen unverkümmert bleiben.[438]

4.5. Dezember 1841–September 1842: Das alternative Auswanderungsvorhaben

Der Sieveking'sche Plan, eine selbstverwaltete, jedoch unter der Oberhoheit der Hansestädte oder eines anderen deutschen Staates stehende »Deutsche Antipodenkolonie« auf den Chatham-Inseln zu etablieren, musste unter den oben dargestellten Umständen aufgegeben werden. Im Dezember 1841 hatte jedoch John N. Beit begonnen, sich für das Vorhaben zu engagieren. Er trug entscheidend dazu bei, dass aus den Hamburger Kolonisationsplänen ein anderes Projekt hervorging, durch das auf viel bescheidenerer Ebene einige von Sievekings Zielen doch noch in die Praxis umgesetzt werden konnten.

Beit stammte aus einer schottischen Familie, die im frühen 18. Jahrhundert nach Preußen ausgewandert war, und hatte sich 1819 als Geschäftsmann in London niedergelassen.[439] Am 8. Dezember 1841 schilderte er Sieveking sein großes Interesse an dessen Kolonialplänen sowie seine persönliche Motivation für eine Involvierung in das Unternehmen. Schon seit 17 Jahren habe er sich mit der Idee vertraut gemacht, in eine Südsee-Kolonie auszuwandern. Im Rahmen der »Deutschen Antipodenkolonie« glaube er, dieses Vorhaben endlich in die Tat umsetzten zu können.[440] Er äußerte den Wunsch, bereits die explorierende Expedition zu begleiten und in der Kolonie einen administrative Posten zu übernehmen. Zudem bot er Sieveking an, ihn schon in der Planungsphase beim Verfassen englischer Korrespondenz und anderen Verwaltungsaufgaben zu unterstützen, wozu ihn

[438] Godeffroy am 20.03.1842 an Sieveking, zit. nach H. Sieveking 1896, S. 169.

[439] Vgl. Denholm, David (1969), »Beit, William (1829–1872)«, In: Melbourne University Press (Hg.), *Australian Dictionary of Biography*, Bd. 3, S. 130.

[440] Vgl. Beit am 08.12.1841 an Sieveking, StAHH, 622–1/90 Sieveking, E 25, Bd. 2, S. 30–32.

seine langjährige Erfahrung mit britischen Institutionen und Gesetzen qualifiziere, »ohne andere Remuneration, als das Erhalten Ihres Wohlwollens zu suchen.«[441]

Im selben Monat schickte Beit dem Syndikus eine 14-seitige Abhandlung, in der er trotz seiner Zustimmung zu den Grundzügen des Plans vor allem die Risiken betonte, die seiner Ansicht nach durch eine rechtliche Abspaltung der Inseln von Großbritannien als unabhängige deutsche Kolonie für deren äußeren und inneren Schutz entstünden. Bei Angriffen von außen würde die britische Regierung der Kolonie wohl nur dann militärisch beistehen, wenn ihren StaatsbürgerInnen »gleiche Rechte des Handels und der Schiffahrt mit der Colonie selbst und ihrem Mutterlande«[442] garantiert würden, ohne im Gegenzug deutschen Schiffen entsprechende Handelsvorteile in ihren Kolonien einzuräumen. Falls die innere Sicherheit durch die Gesetze eines deutschen Staates geregelt würde, stelle er in Frage, ob jene AuswanderInnen sich dort niederlassen würden, die sich aus Gründen der politischen Verfolgung zur Emigration entschlossen hatten. Er resümierte: »[W]elche Achtung können alle zu und für einen Schutz haben, der selbst fremden Schutzes bedarf?«[443]

Stattdessen plädierte Beit für ein britisches Protektorat auf den Chatham-Inseln. Darin könnten auf der Basis der britischen Gesetze deutsche AnsiedlerInnen vor Übergriffen durch englische StaatsbürgerInnen geschützt werden und die Krone könnte durchsetzen, dass in der Nähe befindliche Kriegsschiffe die Ansiedlung im Ernstfall auch wirklich beschützen. Auch die mit dem Protektorat verfolgten materiellen Interessen seien gesichert, da die Kolonialprodukte der Chatham-Inseln unter gleichen Bedingungen in England und den britischen Nachbarkolonien gehandelt werden könnten wie britische Kolonialprodukte. Zudem könne die Abwanderung der deutschen EmigrantInnen in jene Nachbarkolonien mit größeren politischen Freiheiten und einem Mangel an Arbeitskräften durch einen Fluss britischen Kapitals in das Protektorat verhindert werden, da so finanzielle Anreize entstünden. Das erklärte Ziel des Protektorats sei zusammenfassend die möglichste Beibehaltung deutscher Nationalität unter dem Schutz der bewährten britischen Kolonialstrukturen.[444]

441 Ebd., S. 33.
442 Beit im Dezember an Sieveking, StAHH, 622–1/90 Sieveking, E 25, Bd. 2, S. 35.
443 Ebd., S. 36.
444 Vgl. ebd., S. 37ff.

Ob Sieveking auf die Ausführungen Beits reagierte, geht aus den Quellen nicht hervor. Dass den Syndikus die Idee eines britischen Protektorats jedoch durchaus beschäftigte, wird in seinem Brief an einen unbekannten Adressaten vom 11. Dezember[445] deutlich:

> *Aus dem mercantilischen Gesichtspunkt würde der englische Schutz bis zur Mündigkeit der deutschen Niederlassung nicht ohne Wert sein [...] und es lassen sich bei einem Schutzverhältnis [...] Garantien der Nationalität denken, die das Patronat des Prinzen Albert möglicherweise auch in England popularisieren würde. Es dürfte nur darauf ankommen, den Zeitpunkt der Mündigkeit für die Colonie festzusetzen.*[446]

Auch die Frage, inwiefern Sieveking Beit in die Planung der »Deutschen Antipodenkolonie« involvierte, ist unklar. Es ist jedoch wahrscheinlich, dass Beit in den folgenden Monaten in das Projekt eingebunden wurde, da er vorläufig nach Hamburg zog und dort im Februar 1842 seine dem provisorischen Komitee der Gesellschaft gewidmete Werbeschrift[447] für das Projekt publizierte.

Am 22. März – also am selben Tag, an dem Colquhoun Sieveking von der Verzögerungstaktik der *New Zealand Company* und den schlechten Aussichten für das Projekt unterrichtete – schrieb Beit dem Syndikus erneut. Er habe aufgrund des Urteils der britischen Rechtsgelehrten keine Hoffnung mehr, dass die Verhandlungen über die Souveränität der Inseln noch zu einem positiven Ergebnis führen könnten. Die Unterstützung der britischen Regierung für ein deutsches Kolonisationsprojekt könne also nur unter Ausklammerung der heiklen Souveränitätsfrage erlangt werden. Dazu müsste von der Regierung die Billigung einer deutschen Ansiedlung auf den Chatham-Inseln erlangt werden, ohne über das staatsrechtliche Verhältnis der Inseln zu verhandeln. Einige der Ziele der *Deutschen Colonisationsgesellschaft* könnten so realisiert werden, da einer Zustimmung der britischen Minister nicht mehr das Streitthema des Besitzverhältnisses im Wege stehen würde. Abschließend bittet Beit darum, von der Gesellschaft im Namen der

[445] Ob Sieveking den zweiten, nicht genau datierten Brief Beits zu diesem Zeitpunkt bereits erhalten hatte, ist nicht bekannt. H. Sieveking zufolge hatte der spätere Hamburger Bürgermeister Kirchenpauer dem Syndikus gegenüber ebenfalls die Idee eines Protektorats vertreten. Vgl. H. Sieveking 1928, S. 521.

[446] Sieveking am 11.12.1841 an unbekannt, zit. nach ebd., S. 520–521.

[447] Siehe Beit 1842a.

zukünftigen KolonistInnen nach London gesandt zu werden, um die *New Zealand Company* von der Idee eines Protektorats zu überzeugen, mit der Regierung über eine entsprechende Siedlungsgenehmigung zu verhandeln und von der Krone militärischen Schutz für die deutsche Ansiedlung zu erbeten.[448]

Am 1. April 1842 schrieb Ward an Sieveking, nachdem er das Scheitern der unabhängigen Koloniegründung zugegeben hatte: »We must therefore think of some other means of satisfying the ideas of colonization which now occupy the German mind.«[449]

Zudem forderte er ihn auf, falls er von offiziellen Stellen danach gefragt würde, zu versichern, sie beide hätten den vorläufigen Kaufvertrag als Individuen abgeschlossen, da dies für zukünftige Verhandlungen von Vorteil sein könne.[450] Sieveking stimmte in seiner Antwort zu, dass es wünschenswert sei, »to devise soon means of satisfying the ideas of colonization which occupy the mind of my country men.«[451]

Er fühle eine moralische Verpflichtung gegenüber jenen Landsleuten, die sich durch sein Projekt Hoffnungen auf eine erfolgreiche Emigration in die Südsee gemacht hätten und hoffe, durch die Eröffnung einer Hamburger Vertretung der *New Zealand Company* deren Bedürfnisse erfüllen zu können. John Beit werde bald nach London reisen und einen alternativen Auswanderungsplan vorstellen, »which I recommend to your attention without however being able to give a pledge of cooperation.«[452]

Mit diesem Brief legte Karl Sieveking seine Kolonisationspläne zu den Akten. Zwar schien ein deutsches Auswanderungsprojekt unter dem Schutz der britischen Regierung die Wünsche jener Auswanderungswilligen befriedigen zu können, die sich bereits bei der *Deutschen Colonisationsgesellschaft* beworben hatten. Sievekings Vision unabhängiger deutscher Kolonialpolitik konnte es jedoch nicht erfüllen, weshalb der Syndikus entschied, sich nicht weiter dafür einzusetzen

[448] Vgl. Beit am 22.03.1842 an Sieveking, StAHH, 622–1/90 Sieveking, E 25, Bd. 2, S. 1–4. Unklar ist, wann er diese Reise antrat und wie sich die konkreten Verhandlungen in deren Verlauf gestalteten.

[449] Ward am 01.04.1842 an Sieveking, StAHH, 622–1/90 Sieveking, E 25, Bd. 3, S. 179–180.

[450] Vgl. ebd., S. 180–181.

[451] Sieveking im April 1842 an Ward, StAHH, 622–1/90 Sieveking, E 25, Bd. 3, S. 210; vgl. Ustorf 1983, S. 33.

[452] Sieveking im April 1842 an Ward, StAHH, 622–1/90 Sieveking, E 25, Bd. 3, S. 211.

und sich näheren und dringenderen Angelegenheiten der Hansestädte zu widmen.[453]

Ward äußerte in seiner Antwort vom 5. April die Einschätzung, dass Beit dem Charakter seiner Briefe und Publikationen nach wohl geeignet wäre, um in London mögliche Verhandlungen über eine deutsche Ansiedlung fortzuführen. Auch er sei jedoch aus Zeitgründen nicht gewillt, sich weiterhin über seinen Verantwortungsbereich als Sekretär der *New Zealand Company* hinaus für das Projekt zu engagieren.[454]

Um Beit zu unterstützen, richtete Sieveking am 7. April ein letztes offizielles Schreiben an Lord Stanley. Darin versicherte er, wie von Ward gebeten, in privater Eigenschaft und nicht im Auftrag des Hamburger Senats gehandelt zu haben und erkannte den britischen Souveränitätsanspruch über die Chatham-Inseln an. Anschließend beantragte er im Sinne Beits die Erlaubnis für die Gründung deutscher Ansiedlungen in den neuseeländischen Gebieten:

> *[...] exceptional admission of independent German municipalities in the Colony of New Zealand and its dependencies, under such conditions as may be dictated by the laws and interests of the Empire, as likely to strengthen the ties, by which the German nation, in search of an emigration field, is so happily united to the preponderating maritime power.*[455]

Am 24. Mai bewarb sich Beit bei den Direktoren der *New Zealand Company* um die Ernennung zum Agenten der Gesellschaft in Hamburg und bat um die Übertragung der nötigen Autorität, um geeignete deutsche SiedlerInnen auszuwählen und Landstücke zu veräußern. Er plane, selbst Land zu erwerben und in die Kolonie auszuwandern und würde in diesem Fall die Agentur einem »highly respectable house of Hamburg« übertragen.[456] Damit meinte er die Firma *Chapeaurouge &*

[453] Vgl. H. Sieveking 1928, S. 533.

[454] Vgl. Ward am 05.04.1842 an Sieveking, StAHH, 622–1/90 Sieveking, E 25, Bd. 3, S. 169–170.

[455] Sieveking am 07.04.1842 an Stanley, zit. nach Harrop 1926, S. 81.

[456] Vgl. Beit am 25.05.1842 an die *New Zealand Company*, NA, CO 208/29, MF 542, *Inward Letters*, Nr. 42/2978. In diesem Brief berichtet Beit auch davon, dass als Konsequenz des großen Hamburger Brandes im selben Monat ein Großteil des für sein Projekt akquirierten Kapitals nun zurückgezogen würde. Anders als Autoren wie H. Sieveking, Berry, Richards und Sillem vermuteten, hatte die Brandkatastrophe also keinen Einfluss auf das Scheitern des Kolonisationsplans Karl Sievekings, sondern erschwerte die Realisierung des Alternativprojekts von John Beit.

Co., die daran interessiert war, sich an dem neuen Projekt zu beteiligen. So hatte Philipp de Chapeaurouge schon im Februar die Ansicht geäußert, dass an den sechzig Familien, die sich bereits bei Sieveking beworben hatten, etwas zu gewinnen sei, »selbst wenn später aus der Gesellschaft nichts werden würde.«[457]

In der Zwischenzeit waren die Chatham-Inseln als Ziel des neuen Auswanderungsunternehmens zugunsten der von der *New Zealand Company* neu gegründeten Siedlung Nelson im Norden der Südinsel Neuseelands aufgegeben worden. Am 26. April hatte Beit Lord Stanley um Erlaubnis gebeten, eine Gruppe von deutschen AuswanderInnen in Nelson anzusiedeln, unter der Voraussetzung, dass sie bei ihrer Ankunft zu britischen StaatsbürgerInnen würden.[458] Während James Stephen den Alternativplan befürwortete, sah Stanley große Schwierigkeiten in seiner praktischen Durchführung, da die Erfüllung gewisser Bedingungen durch die deutschen SiedlerInnen garantiert werden müsste.[459] Stephen konnte sich schließlich durchsetzen und am 3. Mai machte der Earl of Aberdeen in einem Schreiben an Hodges deutlich, dass deutsche SiedlerInnen unter Anerkennung der britischen Souveränität in Neuseeland oder einem zugehörigen Territorium willkommen seien, wenn sie sich den britischen Gesetzen unterordneten.[460]

Nachdem Beit am 3. Juni zum Agenten der *New Zealand Company* in Hamburg ernannt worden war[461], schrieb er Ward am 7. Juni von seiner Absicht, in der Siedlung Nelson 2000 Acre (circa 809 Hektar) zu erwerben.[462] Lowther Broad geht davon aus, dass Beit während seines Aufenthalts in London von den Plänen für die Siedlung Nelson erfahren hatte.[463] Welche Gründe die Entscheidung für Nelson beeinflussten, wird aus den vorliegenden Quellen nicht deutlich; Allan vertritt jedoch die Ansicht, dass Beit den EmigrantInnen durch die An-

457 Vgl. Ustorf 1983, S. 34.

458 Vgl. Beit am 26.04.1842 an Stanley, zit. nach Allan 1965, S. 311.

459 Vgl. Harrop 1926, S. 81.

460 Vgl. Aberdeen am 03.05.1842 an Hodges, StAHH, 622–1/90 Sieveking, E 25, Bd. 3, S. 194–196.

461 Vgl. *New Zealand Company* am 03.06.1842 an Beit, NA, CO 208/30, MF 543, *Inward Letters*, Nr. 42/3374; Allan 1965, S. 312; Berry 1964, S. 20; Eichbaum 1950, S. 265.

462 Vgl. Beit am 07.06.1842 an Ward, NA, CO 208/152, MF 632, *Inward Letters*, Nr. 42/2028.

463 Vgl. Berry 1964, S. 20; Broad, Lowther (1976) *The Jubilee History of Nelson. From 1842 to 1892*, Neuf. der Aufl. von 1892, Christchurch, S. 84.

siedlung in Nelson ermöglichen wollte, von dort bereits bestehenden britischen Institutionen zu profitieren.[464]

In zwei weiteren Briefen an die Direktoren entwarf Beit einen Plan für das zukünftige Management deutscher Auswanderung von Hamburg nach Neuseeland und schilderte sein Vorhaben einer deutschen Ansiedlung in Nelson.[465] Nachdem die *New Zealand Company* am 20. September 1842 den Plänen Beits offiziell zugestimmt hatte[466], begann dieser mit der praktischen Planung des Projekts. Er publizierte ein weiteres Heft[467] zu der geplanten Auswanderung nach Nelson, ließ Anzeigen in deutschen Zeitungen drucken, verwaltete in Kooperation mit Subagenten in verschiedenen Städten die eingehenden Bewerbungen und charterte in Absprache mit der *New Zealand Company* das Segelschiff *St. Pauli*, um die erste Gruppe deutscher EmigrantInnen ins neuseeländische Nelson zu bringen.[468]

Die Chatham-Inseln blieben, wie sie waren, da weder die britische Regierung noch die *New Zealand Company* ein Interesse daran zeigte, die Inselgruppe systematisch zu besiedeln. So fanden die wenigen europäischen SiedlerInnen, die sich in den folgenden Jahren dort ansiedelten, ihren Weg wohl eher zufällig auf die Inseln. Im Februar 1843 ließen sich fünf deutsche Missionare der evangelischen *Gossner Mission* auf der Hauptinsel nieder und berichteten von einer unfruchtbaren Morast- und Sumpflandschaft, die sie dort vorgefunden hätten. Ihr Bericht aus dem Jahr 1846 hätte wohl auch Sieveking endgültig von der Untauglichkeit der Inseln für die Gründung einer deutschen Kolonie überzeugt. Darin schrieben sie:

> *Sie können nicht glauben, wie abgeschnitten unsere Insel liegt, es ist schon vorgekommen, daß in 6–7 Monate kein Schiff hier gelandet ist […]. Alle anständigen Engländer sind von hier weg nach Neuseeland gegangen, weil sie sich hier nicht halten können […].*[469]

464 Vgl. Allan 1965, S. 310–311.

465 Vgl. Beit am 30.08.1842 an Ward, NA, CO 208/34, MF 548, *Inward Letters*, Nr. 42/5279 und Beit am 13.09.1842 an Ward, NA, CO 208/34, MF 549, *Inward Letters*, Nr. 42/5489.

466 Vgl. Ward am 20.09.1842 an Beit, StAHH, 622–1/90 Sieveking, E 25, Bd. 2, S. 54–60.

467 Vgl. Beit, John N. (1842b), *Ueber Deutsche Auswanderungen und Ansiedlungen der Compagnie auf Neu-Seeland*, Hamburg. Darin preist Beit die Vorzüge Neuseelands vor anderen Kolonien, stellt die Siedlungen der *New Zealand Company* vor und beschreibt die Grundzüge des Wakefield'schen Kolonisationsprinzips.

468 Vgl. Berry 1964, S. 20.

469 Zit. nach Ustorf 1983, S. 34.

4.6. Zwischenfazit

Im Rahmen der Verhandlungen über die »Deutsche Antipodenkolonie« und die Rechtmäßigkeit ihrer geplanten Gründung auf den Chatham-Inseln verfolgten die Akteure in Hamburg und London unterschiedliche Ziele und Handlungsstrategien, die im Folgenden zusammengefasst werden.

Zwar war die *New Zealand Company* von Anfang an daran interessiert, zum Wohl der Kolonie deutsche AuswanderInnen in Neuseeland anzusiedeln, der Erwerb und die geplante Veräußerung der Chatham-Inseln an die *Deutsche Colonisationsgesellschaft* können jedoch vor allem als Landspekulation mit hoher Gewinnspanne angesehen werden. Die Vertreter der *New Zealand Company* gaben an, in der Antipodenkolonie einen Absatzmarkt für britische Produkte schaffen und durch kolonialpolitische Zusammenarbeit die deutsch-britischen Beziehungen stärken zu wollen. Ob sie tatsächlich von dem Erfolg der Hamburger Kolonialpläne überzeugt waren, ist jedoch unklar. So gehen Coppius und H. Sieveking davon aus, dass die Entscheidung zum Weiterverkauf auf dem Wissen über die siedlungstechnischen Nachteile der Inseln basierte.[470] Um die britische Regierung von der Idee einer »Deutschen Antipodenkolonie« auf den Chatham-Inseln zu überzeugen, betonten die Direktoren der *New Zealand Company* die möglichen Vorteile für die britischen Nachbarkolonien durch die dortige Ansiedlung einer Überschusspopulation. Die Rechtmäßigkeit ihrer Verkaufsverhandlungen mit Sieveking leiteten sie aus der zweifelhaften Behauptung ab, die Inselgruppe gehöre zu einem vormals unabhängigen, von der *New Zealand Company* käuflich erworbenen Territorium, über das die Krone ihre Hoheitsrechte hätte separat proklamieren müssen. H. Sieveking sieht darin eine »willkürliche Auslegung des Regierungsaktes vom 21. Mai 1840, welche fremden Mächten die Hoffnung erwecken sollte, sie könnten die Souveränität über Warrekauri erwerben.«[471]

Von Anfang an war die *New Zealand Company* bestrebt gewesen, die Hamburger Akteure bezüglich der ungeklärten Souveränitätsfrage zu beruhigen und durch die Betonung der Vorzüge des Siedlungsgebiets von möglichen politischen Hürden abzulenken. Nachdem Lord Stanley die Ablehnung des Projekts durch das Kolonialministerium unmissverständlich deutlich gemacht und rechtliche Konsequenzen

470 Vgl. Coppius 1905, S. 41; H. Sieveking 1928, S. 500.
471 Vgl. H. Sieveking 1896, S. 156.

angedroht hatte, begannen die Vertreter der *New Zealand Company* ein »schmähliches Doppelspiel«[472]: Der Regierung gegenüber leugneten sie jegliche Beteiligung an dem Projekt – um Schaden von der Gesellschaft abzuwenden – und setzten gleichzeitig die Verhandlungen mit Sieveking fort. Trotz der klaren Ablehnung Stanleys suggerierte Ward dem Syndikus, es bestehe weiterhin Hoffnung auf die Realisierung des Projekts. Der neue Plan der *New Zealand Company*, durch die Eröffnung offizieller Verhandlungen mit dem Foreign Office die Kritiker im Colonial Office zu umgehen, wurde jedoch durch die Veröffentlichung der Statuten der *Deutschen Colonisationsgesellschaft* und die sukzessive Ausweitung britischer Gesetze auf die Chatham-Inseln vereitelt. Nach dem Scheitern des Projekts kündigte Ward zunächst seine Unterstützung für ein alternatives Unternehmen nach den Plänen Beits an. Letztlich war die *New Zealand Company* jedoch nicht bereit, sich weitergehend für das Projekt zu engagieren. Hier wird erneut deutlich, dass es der Gesellschaft weniger um die Rekrutierung tüchtiger AuswanderInnen, als vielmehr um direkte finanzielle Profite ging.

Sieveking und seinen Unterstützern in Hamburg war von Anfang an bewusst, dass ihr Unternehmen ohne eine wie auch immer geartete Unterstützung durch die britische Krone nur schwer realisierbar sein würde. Um die britischen Beamten positiv zu beeinflussen, bediente sich Colquhoun politischen und ökonomischen Argumenten: Durch die Gründung der »Deutschen Antipodenkolonie« könnten anti-britische Stimmungen in den deutschen Staaten gemildert werden und Großbritannien würde ökonomisch sowohl in Deutschland (durch die Schwächung des Zollvereins), als auch in ihren Kolonien (durch Handelsvorteile und die Ansiedlung einer Überschussbevölkerung) profitieren. Die Beschwichtigungstaktik der *New Zealand Company* gegenüber Sieveking war erfolgreich und der Syndikus ließ seine anfänglichen Zweifel bezüglich der ungeklärten Souveränitätsfrage schnell fallen, auch weil er von den Aussagen Wards als einzige Informationsquelle über die Rechtslage abhängig war. Über die generellen Feindseligkeiten zwischen der *New Zealand Company* und der britischen Regierung und das Machtwort Stanleys im Unklaren gelassen, glaubte der Syndikus auch dann noch an ein Gelingen seines Unternehmens, als die Angelegenheit politisch bereits entschieden war. Erst als das doppelte Spiel der *New Zealand Company* durch die Veröffentlichung der Statuten ans Licht kam, erkannte Sieveking, dass seine Antipodenko-

[472] Coppius 1905, S. 43.

lonie gescheitert war. Zwar befürwortete er den Kompromiss eines britischen Protektorats auf den Chatham-Inseln oder in Neuseeland, um den bereits angemeldeten AuswanderInnen eine Alternative zu bieten. Aus der Organisation des Migrationsunternehmens nach Nelson zog er sich jedoch zurück, da dieses seine kolonialpolitischen Ziele nicht erfüllen konnte.

Die britischen Regierungsvertreter, insbesondere Lord Stanley und James Stephen im Colonial Office[473], positionierten sich klar gegen das Projekt. Die Ursachen hierfür lagen zum einen in ihrer grundsätzlichen Kritik an den moralisch zweifelhaften Landerwerbsmaßnahmen der *New Zealand Company* in Neuseeland und auf den Chatham-Inseln und den ständigen Versuchen der Direktoren, sich der Kontrolle des Ministeriums zu entziehen. Stanley argumentierte, dass die *New Zealand Company* als inkorporierte Gesellschaft weder das Recht dazu gehabt hätte, unautorisiert Land auf den Chatham-Inseln zu erwerben, noch mit diplomatischen Vertretern eines fremden Staates Verhandlungen zu führen. Dem Argument lag die Überzeugung zugrunde, dass Großbritannien das Souveränitätsrecht über die Inselgruppe aufgrund der offiziellen Entdeckung durch Broughton 1791 für sich beanspruchen konnte, dies nur bisher noch nicht getan hatte. Folgerichtig interpretierten die Vertreter des Colonial Office den Erwerb der Chatham-Inseln als illegale Anmaßung des Verfügungsrechts über Kronland durch die *New Zealand Company* und ließen sich diese Einschätzung von den obersten Rechtsberatern der britischen Regierung bestätigen. Bei Fortführung der Verhandlungen drohte Stanley der *New Zealand Company* mit der Entziehung der Royal Charter, wodurch die Gesellschaft das Privileg des Landerwerbs in Neuseeland verloren hätte.[474]

Zum anderen hatte wohl auch die mögliche militärische Gefahr für Großbritannien durch eine deutsche Kolonie im Südpazifik Einfluss auf die Haltung der Regierung sowie das unbestätigte Gerücht, dass Sieveking die Gründung einer Sträflingskolonie beabsichtigte. Die Vorstellung, dass eine von einer neutralen Handelsstadt wie Hamburg

[473] Außenminister Aberdeen und Premier Peel lehnten die Pläne Sievekings nicht grundsätzlich ab, auch weil sie die negative Grundhaltung des Colonial Office zu den Aktivitäten der *New Zealand Company* nicht teilten, hatten jedoch rückblickend wenig Einfluss auf den politischen Entscheidungsprozess.

[474] Unter Anerkennung der britischen Souveränität, die Königin Victoria im April 1842 über die Chatham-Inseln proklamiert hatte, waren deutsche AuswanderInnen dagegen in den britischen Kolonien willkommen, wie die Zustimmung der Regierung zu den Alternativplänen Beits zeigte.

verwaltete Kolonie für Großbritannien zu einem Sicherheitsrisiko werden könnte, erschien zu Beginn der 1840er Jahre noch sehr unwahrscheinlich. Zwar konnten Stanley und Stephen weder die Reichsgründung, noch die Ereignisse, die zum Kriegsausbruch 1914 führten, vorhersehen; dennoch war ihre Entscheidung gegen die Hamburger Kolonisationspläne im Rückblick eine gut fundierte. Dadurch verhinderten sie in Neuseeland letztlich einen möglichen »conflict of races more serious than that between the British and the Maoris.«[475]

Die Unterstützung und Billigung einer Hamburger Überseekolonie auf den Chatham-Inseln durch Großbritannien hätte die ökonomische Selbständigkeit der Hansestadt zu Ungunsten des Zollvereins gestärkt. Doch die britische Regierung verfolgte eine Politik der Nichteinmischung in die innerdeutschen Handelsstrukturen und war nicht bereit, in die Angelegenheiten des Zollvereins einzugreifen, obwohl Großbritannien davon ökonomisch profitiert hätte. Somit kann das Scheitern der Hamburger Kolonisationspläne zum Teil auch auf diese spezifische außenpolitische Position der britischen Regierung in der ersten Hälfte des 19. Jahrhunderts zurückgeführt werden.

[475] Harrop 1926, S. 82.

5. Ausblick: Die erste deutsche Migration nach Neuseeland

Am 26. Dezember 1842 verließ das 1841–1842 von der Reederei Marbs in Hamburg erbaute Segelschiff *St. Pauli*[476] mit 140 deutschen AuswanderInnen an Bord den Hamburger Hafen.[477] Unter ihnen waren auch vier Missionare der *Norddeutschen Missionsgesellschaft*, welche die vor Ort lebenden Māori zum lutherischen Glauben bekehren wollten.[478] Bei der Anmeldung für die nach dem Wakefield'schen Grundsatz freie Überfahrt auf der *St. Pauli* hatten die AuswanderInnen Beit bereits den Kaufpreis für ihr zukünftiges Land in Neuseeland bezahlt, auf dem sie sich nach der Emigration eine neue Existenz aufbauen wollten.[479]

Nach einer sechsmonatigen Überfahrt, die geprägt war von Krankheiten, starken Stürmen und der unverhältnismäßigen Strenge Beits, der die Einhaltung der von ihm aufgestellten Regeln mit harten Strafen forcierte[480], erreichte die *St. Pauli* am 14. Juni 1843 den Hafen von Nelson. Der Anblick der gewaltigen Gebirgskulisse, des dichten Regenwalds und der rauen, zerklüfteten Küsten Neuseelands rief bei den SiedlerInnen mehrheitlich Angst und Verzweiflung hervor. Diese scheinbar undurchdringliche Wildnis hatte wenig Ähnlichkeit mit dem von Beit und der *New Zealand Company* propagierten Auswandererparadies Neuseeland und die Siedlung selbst stellte sich als provisorische Ansammlung von Zelten und kleinen Hütten inmitten dieser

[476] Vgl. Kresse, Walter (1969), *Seeschiffs-Verzeichnis der Hamburger Reedereien 1824–1888*, Teil 2, Hamburg, S. 34.

[477] Die Mehrheit der EmigrantInnen stammte aus Norddeutschland (Hamburg, Bremen, Mecklenburg, Hannover und Sachsen). Unter ihnen waren viele Bauern und landwirtschaftliche ArbeiterInnen, HandwerkerInnen und TagelöhnerInnen, mehrheitlich Protestanten. Auch einige WinzerInnen aus dem Rheinland waren an Bord und einige bayrische Katholiken. Vgl. Allan 1965, S. 312.

[478] Vgl. McMurtry, George (1992), *A Versatile Community. The History of the Settlers of Central Moutere*, Nelson, S. 54; Allan 1965, S. 311.

[479] Vgl. Emmerink, Malina (2008), »Die Fahrt des Auswandererschiffes ›St. Pauli‹ 1842 und die Geschichte der ersten deutschen Siedlungen in Neuseeland«, in: Brinckmann, Andrea; Peter Gabrielsson (Hg.): *»Seht, wie sie übers große Weltmeer ziehn!« Die Geschichte der Auswanderung über Hamburg*, Bremen, S. 243.

[480] Vgl. ebd., S. 244; Allan 1965, S. 313–314; Bade, James N. (1993b), »The Nelson German Settlements«, in: Bade, James N. (Hg.) (1993a), *The German Connection: New Zealand and German-speaking Europe in the Nineteenth Century*, Auckland, S. 56.

Wildnis dar.[481] Der negative erste Eindruck der deutschen AuswanderInnen von der Kolonie verstärkte sich noch durch die vielen organisatorischen Probleme, mit denen sie vor Ort konfrontiert wurden. Die ersten britischen EmigrantInnen hatten die Siedlung erst vier Monate zuvor erreicht und ein Überschuss an mittellosen ArbeiterInnen hatte durch einen Mangel an Investitionskapital von Beginn an dazu geführt, dass die Grundsätze des Wakefield'schen Systems nicht realisierbar waren.[482] Da große Teile des durch ein Losverfahren an die SiedlerInnen vergebenen Landes von der *New Zealand Company* noch nicht einmal inspiziert worden waren, mussten die Deutschen in Nelson wochenlang in spärlichen Hütten unter mangelhaften hygienischen Bedingungen ausharren. Da die Vertreter der *New Zealand Company* nach einer gewaltsamen Auseinandersetzung mit lokalen Māori[483] von deren Folgen komplett in Anspruch genommen wurden, waren die deutschen Familien vollkommen von John Beit abhängig, der seiner Verantwortung für die SiedlerInnen jedoch nicht gerecht wurde und ihnen keines der ihnen zustehenden Landstücke zur Verfügung stellte.[484]

Die vier Missionare hatten sich schließlich zu Fuß auf den Weg zu dem einzig verfügbaren Landstück im 35 Kilometer entfernten Moutere Valley gemacht und konnten später mithilfe des Beauftragten der britischen Kolonialverwaltung in Nelson erreichen, dass sich in direkter Nachbarschaft zehn deutsche Familien niederließen. Da das sumpfige Land jedoch für die landwirtschaftliche Nutzung ungeeignet war und die SiedlerInnen von ständigen Überschwemmungen geplagt wurden, hatten alle BewohnerInnen die auf den Namen St. Paulidorf getaufte Siedlung bis Oktober 1844 wieder verlassen.[485]

481 Vgl. Lebenserinnerungen von Johanna M. K. Bisley, geb. Karsten, die mit sieben Jahren auf der *St. Pauli* nach Nelson auswanderte, NPM, J.M.K. [1899–1911]. *Memoirs*. A 4869. qMS BIS, S. 3; McMurtry 1992, S. 84.

482 Vgl. ebd., S. 17.

483 Der Konflikt um den Besitz eines Landstrichs namens Wairau eskalierte am Tag bevor die *St. Pauli* Nelson erreichte in einer militärischen Auseinandersetzung zwischen Māori, *New Zealand Company*-Vertretern und britischen Siedlern, die als *Wairau Massaker* bekannt wurde und knapp dreißig Menschen das Leben kostete. Vgl. Briars, Jenny; Jenny Leith (1993), *The Road to Sarau From Germany to Upper Moutere*, Nelson, Kap. 5.

484 Vgl. Allan 1965, S. 311, 315ff.; Emmerink 2008, S. 245–246. Daraus resultierte ein offener Streit zwischen den deutschen SiedlerInnen und Beit, der ihre Belange konsequent ignorierte und fortan in Nelson als »German Snake« bekannt war. Vgl. McMurtry 1992, S. 65.

485 Vgl. Allan 1965, S. 322ff.; Bade 1993b, S. 53; Emmerink 2008, S. 246–247; McMurtry 1992, S. 66ff.

Am 1. September hatte ein zweites Schiff aus Hamburg den Hafen von Nelson erreicht. Die *Skiold* war im Rahmen eines Auswanderungsprojekts von Kuno Graf zu Rantzau-Breitenburg von Mecklenburg-Schwerin nach Neuseeland geschickt worden und als Folge ihrer Ankunft verbesserten sich die Lebensumstände der deutschen SiedlerInnen in und um Nelson entscheidend.[486] Die von Graf Rantzau ernannten Agenten gründeten eine blühende deutsche Gemeinde in der fruchtbaren Gegend Ost-Waimea, wo sich auch viele der *St.Pauli*-Passagiere ansiedelten.[487] Ende der 1840er Jahre kehrten dann die ersten Deutschen in das Moutere-Tal zurück und etablierten dort die Siedlung Sarau, die unter dem Namen Upper Moutere bis heute existiert. In den nächsten Jahren und Jahrzehnten folgten weitere Schiffe aus Norddeutschland, deren Passagiere die Pionierarbeit der ersten AuswanderInnen fortführten und eine Reihe von deutschen Gemeinschaften im Großraum Nelson gründeten. Nach den existentiellen Schwierigkeiten der ersten Jahre konnten die deutschen SiedlerInnen ihren Lebensstandard ab den 1850er Jahren durch die erfolgreiche Kultivierung von Getreide, Obstbäumen, Wein, Hopfen und Tabak stetig erhöhen.[488]

Bei ihrer Ankunft mussten die deutschen SiedlerInnen ihre Nationalität aufgeben und wurden zu britischen StaatsbürgerInnen. Dadurch mussten sie sich in Neuseeland, anders als in der von Sieveking angestrebten deutschen Kolonie, den Gesetzen und Institutionen der britischen Kolonie unterordnen. Aufgrund der Tatsache, dass Beit und die *New Zealand Company* die AuswanderInnen nach ihrer Ankunft weitgehend sich selbst überließen, waren die ersten Jahre in Neuseeland geprägt von Entbehrung und existentieller Not. Eben jene nicht vorhandene Unterstützung seitens der britischen Regierungsorgane ermöglichte den deutschen SiedlerInnen jedoch auch, ihre kulturelle Identität in ihrem künstlich isolierten Lebensraum erstaunlich lange zu erhalten, auch weil sich nur wenige britische SiedlerInnen in den deutschen Dörfern niederließen. Die Berichte der deutschen Geologen von Hochstetter und von Haast über ihren Aufenthalt in Sarau 1859 zeugen von einer lebhaften deutschen Gemeinde im Einklang mit ihren mitgebrachten Traditionen. So beschrieb von Haast den »cheerful typical German guest-room« im Moutere Inn, dem Dorfhotel von Sarau, in dem die Töchter des Wirts, allesamt blond und blauäugig, die Gäste

[486] Vgl. Allan 1965, S. 329ff.; Emmerink 2008, S. 248.
[487] Vgl. Bade 1993b, S. 53–54; Briars und Leith 1993, Kap. 8.
[488] Vgl. Bade 1993b, S. 55; Emmerink 2008, S. 248ff.

bedient hätten. »It all reminded us of home«, so von Haast weiter, »and we thought we had found ourselves in Germany at the Antipodes.«[489]

Der Gottesdienst in der St. Pauls-Kirche in Sarau wurde noch bis 1907 ausschließlich auf Deutsch abgehalten und erst in den 1960er Jahren verschwand die deutsche Sprache endgültig aus dem Alltag der Gemeinden.[490] Viele Nachfahren der ersten deutschen SiedlerInnen leben noch heute in der Gegend um Nelson und halten die Erinnerungen an die deutschen Vorfahren lebendig.

Der Versuch einer umfassenden Untersuchung der frühen deutschen Migration nach Neuseeland wurde bisher nur von einigen neuseeländischen HistorikerInnen und Nachkommen der deutschen SiedlerInnen vorgenommen. Auf der Basis der reichhaltigen Quellenlage in den National Archives New Zealand[491] und dem Archiv des Nelson Provincial Museum[492] erscheint es jedoch wünschenswert, dass dieses interessante Thema künftig auch in Europa zum Gegenstand geschichtswissenschaftlicher Untersuchung wird. Aufgrund des begrenzten Rahmens der vorliegenden Publikation war hier jedoch nur eine grobe Skizzierung der Ereignisse in Neuseeland möglich. Sie sollte einen kurzen Ausblick auf die weitere Entwicklung des von John Beit initiierten Alternativplans ermöglichen, da dieser in direkter Kontinuität zu den Hamburger Kolonisationsplänen 1840–1842 entstand und dadurch einige der von Sieveking verfolgten Ziele doch noch realisiert werden konnten.

489 Haast, Heinrich F. von (1948), *The Life and Times of Sir Julius von Haast*, Wellington, S. 37, zit. nach Bade 1993b, S. 55–56.

490 Vgl. Bade 1993b, S. 58; Emmerink 2008, S. 250.

491 Siehe NA, Agency *New Zealand Company* (Series 3, 31, 208 und 231), SSD und AAOO.

492 Siehe NPM, AG 86: *Heine Family Papers 1841–1959*, Series A-D und AG 349: *Heine Family Papers 1870–1989*, Series 1, Box 1–2 und J.M.K. [1899–1911]. *Memoirs*. A4869. qMS BIS.

Fazit

In dieser Arbeit wurden die Hamburger Kolonisationspläne 1840–1842 aus zwei unterschiedlichen Perspektiven beleuchtet.

Nach einer Einführung in den Entstehungskontext des Projekts wurde zunächst dessen lokale Bedeutung auf politischer und ökonomischer Ebene in den Fokus gestellt. Das Chatham-Vorhaben war zusammenfassend in mehrfacher Hinsicht charakteristisch für die politischen Unabhängigkeitsbemühungen und Welthandelsbestrebungen der Hamburger Kaufleute in der ersten Hälfte des 19. Jahrhunderts. So wollte Sieveking zum einen die wirtschaftspolitische Selbständigkeit der Hansestadt durch die Etablierung der »Deutschen Schiffahrtshanse« als Gegengewicht zum Zollverein stärken. Zum anderen sollte Hamburg durch den Aufbau eines Handelsnetzwerks im Südpazifik (und in geringerem Maße durch die Nutzung der Inselgruppe als Absatzmarkt und Rohstofflieferant) ökonomisch profitieren. Die Argumente der liberalen Kolonialbefürworter aufgreifend, wollte Sieveking darüber hinaus deutschen AuswanderInnen in der Antipodenkolonie eine gesicherte Zukunft bieten und dadurch das Auswanderungsgeschäft der Hansestadt ankurbeln. Zudem war er überzeugt, dass nur die Hansestädte – mit Hamburg an der Spitze – aufgrund ihrer handelspolitischen Erfahrung in der Lage wären, die Ära eigenständiger deutscher Kolonialpolitik in Übersee einzuleiten. Sich selbst als Pionier deutscher Kolonialpolitik ansehend, hoffte er auch auf Ruhm und Ehre für seine Person und sah das Chatham-Projekt als Möglichkeit, sein Ansehen und Prestige in der Hansestadt über das Amt des Syndikus hinaus weiter zu steigern.

Bisher wurde der Einfluss kapitalistischer Überlegungen auf die Planung der Chatham-Kolonie in der Forschung zugunsten der sozialpolitischen und nationalistischen Ausrichtung des Projekts eher vernachlässigt.[493] Zwar ist die Benennung der ausschlaggebenden Zielsetzung aufgrund der ambivalenten Aussagen Sievekings nicht möglich, die Struktur der *Deutschen Colonisationsgesellschaft* als aktienbasierte Spekulationsgesellschaft nach dem Vorbild der *New Zealand Company*

[493] Vgl. Coppius 1905, S. 41; Schramm 1950, S. 79–80; H. Sieveking 1896, S. 151, 158, 170; H. Sieveking 1928, S. 490ff. Hier soll erneut darauf hingewiesen werden, dass Heinrich Sieveking als Nachfahre des Syndikus in gewisser Hinsicht als parteiisch angesehen werden kann und deshalb eventuell den patriotischen Aspekt des Vorhabens überbetonte.

deutet allerdings darauf hin, dass profitorientierte Motive für die Planung der Kolonie von zentraler Bedeutung waren.

Sieveking hatte sich mit der Gründung der Antipodenkolonie in handelsökonomischer, sozialpolitischer und patriotisch-nationalistischer Hinsicht hohe Ziele gesteckt. Er übersah dabei bewusst oder unbewusst entscheidende Aspekte, die bereits zu Beginn der Verhandlungen auf ein Scheitern des Unternehmens hindeuteten. Auf die Aussagen der *New Zealand Company* vertrauend, überschätzte er beispielsweise die Größe und landwirtschaftliche Tauglichkeit der Inseln und ignorierte Berichte von geringen Rohstoffvorkommen. Auch blendete er die logistischen Probleme, die sich durch die weite Entfernung der Kolonie von Europa ergeben würden, bei seinen Überlegungen gänzlich aus. Zudem überschätzte er die Bereitschaft hanseatischer Kaufleute, trotz der hohen Risiken und Unsicherheiten in das Projekt zu investieren, und zeigte sich unbeeindruckt von den vielen kritischen Stimmen in seinem Umfeld und in der deutschen Presse.

In Bezug auf die internationale Bedeutung der Hamburger Kolonisationspläne konnte mit der vorliegenden Untersuchung die These bestätigt werden, dass das Unternehmen nur mit der Unterstützung Großbritanniens durchführbar gewesen wäre. Die Gründung einer vom »räumlich entfernten ›Mutterland‹«[494] abhängigen Kolonie hätte aufgrund der ungeklärten Rechtslage einen offiziellen Verzicht der britischen Regierung auf die Souveränitätsrechte – oder eine Übertragung derselben an die *Deutsche Colonisationsgesellschaft* nach vorhergehender Proklamierung – erfordert. Eine stillschweigende britische Billigung des Vorhabens unter Ausklammerung der heiklen Souveränitätsfrage hätte dagegen die Etablierung eines zweifelhaften Rechtsstatus der »Deutschen Antipodenkolonie« zur Folge gehabt. Bei der Niederlassung auf den Chatham-Inseln hätte es sich somit völkerrechtlich nicht um eigenständigen deutschen Kolonialbesitz gehandelt, sondern vielmehr um eine geschlossene Gruppenansiedlung deutscher AuswanderInnen auf den Chatham-Inseln im Sinne von Gagerns.

Die *New Zealand Company* hatte großes Interesse an dem Gelingen des Sieveking'schen Unternehmens, da dieses als Landspekulation finanzielle Profite versprach und die Ansiedlung deutscher AuswanderInnen auf den Chatham-Inseln und in Neuseeland die britische Kolonie bereichert hätte. Die britischen Regierungsvertreter waren dagegen skeptisch, vor allem, da sie der Überzeugung waren, dass Großbritannien das allei-

[494] Vgl. Osterhammel 2003, S. 16.

nige Souveränitätsrecht über die Inselgruppe zustünde und sie die Aktivitäten der *New Zealand Company* von Anfang an als Alleingänge kritisiert hatten. Trotz der konsequenten Bemühungen der Hamburger Akteure und der Vertreter der *New Zealand Company*, die britische Regierung von den Vorteilen des Vorhabens zu überzeugen, hielten die Beamten im Colonial Office an ihrer ablehnenden Haltung fest. Zwar versuchte die *New Zealand Company*, durch das bewusste Verschweigen relevanter Informationen vor Sieveking und explizite Falschaussagen der Regierung gegenüber die Durchführung des Landverkaufs an die *Deutsche Colonisationsgesellschaft* doch noch durchzusetzen. Schließlich musste sie jedoch das ablehnende Machtwort der Regierung akzeptieren, da sonst die Existenz der *New Zealand Company* in Gefahr gewesen wäre.

Die Analyse des Vorhabens hat gezeigt, dass eine wichtige Vorbedingung für die Entwicklung eigenständiger deutscher Kolonialpolitik zu Beginn der 1840er Jahre noch nicht erfüllt war: Ohne einen geeinten Nationalstaat mit einer starken Flotte im Hintergrund konnten sich einzelne deutsche Staaten in Übersee politisch und militärisch gegenüber anderen Kolonialmächten nicht behaupten.[495] Letztlich kann das Projekt also auch als Resultat einer machtpolitischen Selbstüberschätzung der Hamburger Kaufleute um Sieveking angesehen werden. Sie glaubten daran, dass Hamburg – zwar unterstützt von anderen Staaten, aber dennoch eigenverantwortlich – deutsche Kolonialpolitik in Übersee initiieren könne. Diese Vorstellung stellte sich jedoch als unrealistisch heraus, da einerseits der preußische Staat die erhoffte militärische Unterstützung nur unter der Voraussetzung des Beitritts der Hansestädte zum Zollverein gewährt hätte. Andererseits meinten die Hamburger Akteure, auf Augenhöhe mit der mächtigsten europäischen Kolonialmacht verhandeln und ihre Interessen gegenüber Großbritannien durchsetzen zu können, was sich als fataler Irrtum herausstellte. Zwar hatte Sieveking geglaubt, zur Gründung der »Deutschen Antipodenkolonie« sei nur Land und Mut erforderlich. Er hatte jedoch ein drittes, entscheidendes Element vergessen: »Die Macht, die den Deutschen fehlte.«[496]

Das Chatham-Unternehmen scheiterte vor allem, da die Hamburger Akteure »die Rechnung ohne den englischen Wirt gemacht«[497] hatten – in anderen Worten die Vertreter des Colonial Office nicht zu

[495] Vgl. Coppius 1905, S. 43; Müller 1999, S. 356; Richards 1993, S. 50.
[496] H. Sieveking 1896, S. 170.
[497] Vgl. Washausen 1968, S. 15.

einer Genehmigung des Vorhabens jedweder Art zu bewegen gewesen waren. Zudem liegen die Ursachen für das Nichtzustandekommen des Projekts auf lokaler und überregionaler Ebene zum einen in der mangelnden Unterstützung der Hanseaten und Vertreter anderer deutscher Staaten. Zum anderen war die von Preußen erhoffte militärische Unterstützung zum Schutz der Kolonie nach außen ausgeblieben und hatte die politische und militärische Schwäche der Hansestadt offenbart. Und selbst wenn die »Deutsche Antipodenkolonie« realisiert worden wäre, ist es mehr als zweifelhaft, ob sie angesichts der geringen Größe, kargen Landschaft und enormen Entfernung der Chatham-Inseln von Hamburg (fast 19 000 Kilometer) von Erfolg gekrönt gewesen wäre.

Mit der Auflösung der *Deutschen Colonisationsgesellschaft* am 14. April 1842 wurden nicht nur die Hamburger Kolonisationspläne, sondern auch die Idee eigenständiger deutscher Überseekolonisation vorerst zu den Akten gelegt. Dennoch blieben die Bemühungen Sievekings in mehrfacher Hinsicht nicht folgenlos. So hatten die Verhandlungen über die Chatham-Inseln die deutsche und britische Öffentlichkeit für die Möglichkeit deutscher Auswanderung in die britische Kolonie Neuseeland und ihre Dependenzen sensibilisiert.[498] In der Souveränitätsfrage hatte sich die britische Regierung zwar kompromisslos gezeigt, durch die Genehmigung des alternativen Auswanderungsvorhabens nach Nelson ebnete sie jedoch tausenden deutschen AuswanderInnen den Weg nach Neuseeland.[499] Langfristig erfüllte sich also die Hoffnung eines Hamburger Korrespondenten des *Morning Chronicle* auf einen regelmäßigen Nachschub von »plodding, persevering, sober and industrious labourers, who may improve their own condition of life«[500], wodurch auch die britische Siedlermehrheit in Neuseeland profitieren konnte. Auf lokaler Ebene weist Coppius darauf hin, dass das Scheitern des Projekts »den hanseatischen Unternehmungsgeist« in Bezug auf koloniale Ideen »ungünstig beeinflußt« habe.[501] Es ist durchaus möglich, dass die von Washausen hervorgeho-

[498] Vgl. Richards 1993, S. 50.

[499] Die Zahl der in den deutschen Gebieten geborenen SiedlerInnen erreichte im Jahr 1886 mit 5 007 Personen ihren Höhepunkt und fiel zum Ende des 19. Jahrhunderts dann leicht ab. Insgesamt bildeten deutsche AuswanderInnen nach den britischen bis zum Zweiten Weltkrieg die zweitgrößte Siedlergruppe. Vgl. Minson, Marian (1993), »Trends in German Immigration to New Zealand«, in: Bade, James N. (Hg.) (1993a): *The German Connection: New Zealand and German-speaking Europe in the Nineteenth Century*, Auckland, S. 40.

[500] *Morning Chronicle*, 04.01.1842, zit. nach Richards 1993, S. 50.

[501] Vgl. Coppius 1905, S. 43.

bene, grundsätzlich skeptische Haltung vieler Hamburger Kaufleute kolonialen Unternehmungen gegenüber durch das Misslingen der Chatham-Pläne noch verstärkt wurde.[502]

Schließlich kann das Sieveking'sche Unternehmen rückblickend als wichtige Voraussetzung für die deutsche Kolonialpolitik im Kaiserreich angesehen werden. Zwar wurden die Hamburger Kolonisationspläne von den Kolonialbefürwortern der 1870er und 1880er Jahre nicht explizit als Vorlage herangezogen. Durch die Beschäftigung mit diesem und anderen kolonialen Vorhaben wurden in der deutschen Presse im Vormärz jedoch bereits zentrale Aspekte und Voraussetzungen einer überseeischen deutschen Kolonialpolitik thematisiert und diskutiert. So verdeutlichten die gescheiterten Bemühungen um den Ankauf der Chatham-Inseln ganz klar, dass koloniale Aktivitäten einzelner deutscher Staaten zu jener Zeit aussichtslos waren, wie Schramm am Ende seines Resümees verdeutlicht:

> *Wie grotesk dieses Projekt nun auch anmuten mag, bezeichnend für die Zeit des Vormärz bleibt es allemal. Wenn selbst in der Stadt, in der man am meisten von der Welt wußte und die im Binnenland als allzu nüchtern gesonnen angesehen war, ein solcher Plan von dem Leiter ihrer Außenpolitik verfolgt und von den führenden Kaufleuten unterstützt wurde, ist es nicht weiter erstaunlich, daß diese Zeit so viele undurchführbare Vorschläge erlebte. Zugleich offenbart diese Episode aber auch die Aussichtslosigkeit aller Versuche dieser Art, solange nur ein einzelner Bundesstaat, ja nur eine Stadt sich hinter ihn stellte. Ein Wink Englands – und wie ein Spuk war alles beendet.*[503]

Auf der Basis der vorliegenden Quellen konnten im Rahmen dieser Publikation einige Fragen nicht beantwortet werden, obwohl sie die Untersuchung des Forschungsgegenstands bereichert hätten. Zum einen muss die praktische Organisationsstruktur der *Deutschen Colonisationsgesellschaft* im Dunkeln bleiben. Aus den Quellen ist weder ersichtlich, wer sich außer Karl Sieveking, James Colquhoun und den Mitgliedern des Komitees für die Gesellschaft engagierte, noch wie sich die Kommunikation der beteiligten Personen untereinander gestaltete. Außerdem bleibt die interessante Frage unbeantwortet, ob und wenn ja wie sich der Hamburger Rat zu den Kolonisationsplänen positionierte.

502 Vgl. Washausen 1968, S. 13.
503 Schramm 1950, S. 80–81.

Die möglichen Motive Sievekings für eine Geheimhaltung des Unternehmens vor seinen Ratskollegen sind dabei ebenfalls nicht zu benennen. Zudem wurde die Beschäftigung mit dem Thema in der britischen und neuseeländischen Presse trotz guter Quellenlage bewusst ausgespart, da sie den Rahmen der Arbeit thematisch überschritten hätte.

Anhang

■ **Abb. 1:** Karte der Chatham-Inseln, gezeichnet von John Arrowsmith 1841

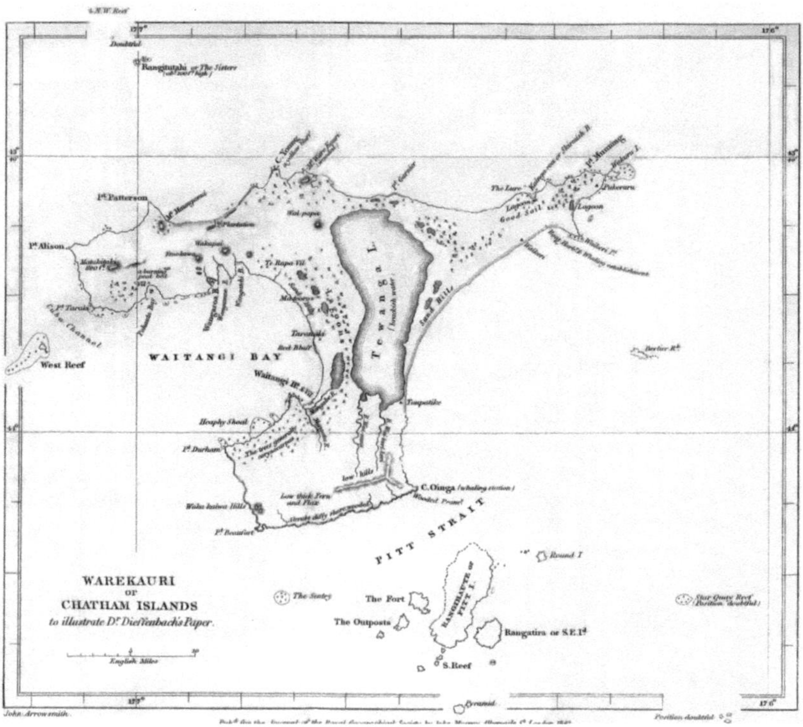

Bildnachweis: Dieffenbach 1841, S. 195–196.

■ **Abb. 2:** Entwurf des Banners der »Deutschen Antipodenkolonie«, gezeichnet von O. Speckter im Auftrag Karl Sievekings

Bildnachweis: Fotografie des Originals von Johannes von Mallinckrodt, gedruckt mit freundlicher Genehmigung von Dr. Hinrich Sieveking. In einem Brief an Godeffroy erläuterte Sieveking am 03.03.1842 die Bedeutung der verwendeten Symbole: »Bei dem Doppeladler des Reiches und der Hanse gewachsenen weißen Federn motiviren im Brustschild den weißen, hohenzollerschen Streifen und neutralisiren durch das eiserne Kreuz im Union-Jack die hambachischen Farben des uralten vaterländischen Paniers. Den Attributen, gegen welche ich Scepter und Schwert vertauschte (Anker und Pfeilbündel), würde das Motto »concordiae spes« entsprechen.« H. Sieveking 1896, S. 164.

Literaturangaben

1. Primärquellen

1.1. Unveröffentlichte Quellen

1.1.1. National Archives New Zealand (NA), Wellington, Neuseeland

- Agency New Zealand Company, Series 208:
  a. CO 208/29–30 und CO 208/34–36 New Zealand Company Inward Letters.
  b. CO 208/152–153 und CO 208/161 New Zealand Company Out Letters.
  c. CO 208/186–187 Colonial Office, New Zealand, New Zealand Company. 1840–1841. Committees.
  d. CO 208/277, Microfilm 682 Papers Relating to German Immigrants.

1.1.2. Nelson Provincial Museum and Archives (NPM), Nelson, Neuseeland

- AG 86 Heine Family Papers 1841–1959, Series A-D.
- AG 349 Heine Family Papers 1870–1989, Series 1, Box 1–2.
- J.M.K. [1899–1911]. Memoirs. A4869. qMS BIS, S. 3. Tagebuch von Karolina Bisley, geb. Karsten 1899–1911.

1.1.3. Staatsarchiv der Freien und Hansestadt Hamburg (StAHH)

- 622–1/90 Familienarchiv Sieveking:
  a. E 2, Bd. 1–2.
  b. E 25, Bd. 1–3, 6.

1.2. Zeitungen

Allgemeine Preußische Staats-Zeitung
Allgemeine Zeitung
Börsen-Halle. Hamburgische Abendzeitung für Handel, Schiffahrt und Politik
Colonial Gazette
Hamburger Neue Zeitung
Leipziger Allgemeine Zeitung
Morning Herald
New Zealand Colonist and Port Nicholson Advertiser
New Zealand Gazette and Wellington Spector

New Zealand Journal
Privilegirte wöchentliche gemeinnützige Nachrichten von und für Hamburg
Rheinische Zeitung
Staats und Gelehrte Zeitung des Hamburgischen unpartheyischen Correspondenten
Times

1.3. Veröffentlichte Quellen

Beit, John N. (1842a), *Auswanderung und Colonisation; mit besonderem Hinblick auf die von der Deutschen Colonisations-Gesellschaft beabsichtigte Begründung ihrer ersten Kolonie auf den Chatham-Inseln, nebst der neuesten Charte derselben und Ansicht der Waitangui-Bay; mit einem Anhange, enthaltend die Entwicklung des Wakefield'schen Systems, die Bilancen der Neuseeland-Compagnie und ein Schema der nöthigen Diäten für Auswanderer*, Hamburg.

Beit, John N. (1842b), *Ueber Deutsche Auswanderungen und Ansiedlungen der Compagnie auf Neu-Seeland*, Hamburg.

Dieffenbach, Ernst (1841), »An Account of the Chatham Islands«, in: *Journal of the Royal Geographical Society*, Bd. 11, S. 195–215.

Hocker, Wilhelm (1843), *Poetische Schriften*, Kiel.

Wakefield, Edward G. (1829), *A Letter From Sydney. The Principal Town of Australasia*, London.

Wakefield, Edward G. (1849), *A view of the Art of Colonization, With Present Reference to the British Empire. In Letters Between a Statesman and a Colonist*, London.

Ward, John (1839), *Information Relative to New Zealand for the Use of Colonists*, London.

2. Sekundärliteratur

2.1. Aufsätze und Monographien

Aaslestad, Katherine (2005), »Remembering and Forgetting: The Local and the Nation in Hamburg's Commemorations of the Wars of Liberation«, in: *Central European History*, Bd. 38, H. 1, S. 384–416.

Ahrens, Gerhard (1982), »Von der Franzosenzeit bis zur Verabschiedung der neuen Verfassung 1806–1860«, in: Hans-Dieter Loose; Werner Jochmann (Hg.), *Hamburg, Geschichte der Stadt und ihrer Bewohner. Von den Anfängen bis zur Reichsgründung*, Bd. 1, Hamburg, S. 442–451.

Allan, Ruth M. (1965), *Nelson: A History of the Early Settlement*, Wellington.

Bade, Klaus J. (Hg.) (1992), *Deutsche im Ausland – Fremde in Deutschland. Migration in Geschichte und Gegenwart*, München.

Bade, James N. (Hg.) (1993a), *The German Connection: New Zealand and German-speaking Europe in the Nineteenth Century*, Auckland.

Bade, James N. (1993b), »The Nelson German Settlements«, in: Bade, James N. (Hg.) (1993a), *The German Connection: New Zealand and German-speaking Europe in the Nineteenth Century*, Auckland, S. 52–60.

Belich, James (1996), *Making Peoples. A History of the New Zealanders*, Auckland, New York.

Berry, Patricia L. (1964), *Germans in New Zealand 1840–1870*, Thesis, MA University of Canterbury, Christchurch.

Brandt, Ahasver (1951), »Hamburg und Lübeck. Beiträge zu einer vergleichenden Geschichtsbetrachtung«, in: *Zeitschrift des Vereins für Hamburgische Geschichte*, Bd. 41, S. 20–47.

Briars, Jenny; Jenny Leith (1993), *The Road to Sarau – From Germany to Upper Moutere*, Nelson.

Broad, Lowther (1976), *The Jubilee History of Nelson. From 1842 to 1892*, Neuf. der Aufl. von 1892, Christchurch.

Brooking, Tom (2004), *The History of New Zealand*, Westport/Conn., London.

Burns, Patricia (1989), *Fatal Success: A History of the New Zealand Company*, Auckland.

Coppius, Adolf (1905), *Hamburgs Bedeutung auf dem Gebiete der deutschen Kolonialpolitik*, Berlin.

Davis, John R. (1997), *Britain and the German Zollverein, 1848–66*, Houndmills u.a.

Eichbaum, Gerda (1950), »Deutsche Siedlung in Neuseeland. Ein Hamburger Siedlungsversuch im 19. Jahrhundert«, in: *Geschichtliche Landeskunde und Universalgeschichte. Festgabe für Hermann Aubin*, Hamburg, S. 259–269.

Emmerink, Malina (2008), »Die Fahrt des Auswandererschiffes ›St. Pauli‹ 1842 und die Geschichte der ersten deutschen Siedlungen in Neuseeland«, in: Brinckmann, Andrea; Peter Gabrielsson (Hg.): *»Seht, wie sie übers große Weltmeer ziehn!« Die Geschichte der Auswanderung über Hamburg*, Bremen, S. 241–250.

Fenske, Hans (1978), »Imperialistische Tendenzen in Deutschland vor 1866. Auswanderung, überseeische Bestrebungen, Weltmachtträume«, in: *Historisches Jahrbuch*, Bd. 97/98, S. 336–383.

Fürstenwärther, Moritz von; Hans C. von Gagern (1818), *Der Deutsche in Nordamerika*, Stuttgart, Tübingen.

Gründer, Horst (Hg.) (1999), *»...da und dort ein junges Deutschland gründen.« Rassismus, Kolonien und kolonialer Gedanke vom 16. bis zum 20. Jahrhundert*, München.

Haast, Heinrich F. von (1948), *The Life and Times of Sir Julius von Haast*, Wellington.

Harrop, Angus J. (1926), *England and New Zealand: From Tasman to the Taranaki War*, London.

Hight, James; Harry D. Bamford (1914), *The Constitutional History and Law of New Zealand*, Christchurch.

King, Michael (2003), *The Penguin History of New Zealand*, Auckland.

Kirchberger, Ulrike (1999), *Aspekte deutsch-britischer Expansion. Die Überseeinteressen der deutschen Migranten in Großbritannien in der Mitte des*

19. Jahrhunderts (= Beiträge zur Kolonial- und Überseegeschichte, Bd. 73), Stuttgart.

Körner, R. (1912), »Hamburger Vorläufer Deutscher Kolonisation. (Erwerb der Chatham-Inseln durch Synd. Karl Sieveking und der am 1.II.1842 gegr. deutsche Kolonisationsgesellschaft)«, in: *Der Hamburger*, Bd. 2, S. 319–322.

Kresse, Walter (1969), *Seeschiffs-Verzeichnis der Hamburger Reedereien 1824–1888*, Teil 2, Hamburg.

List, Friedrich (1844), *Das nationale System oder politische Ökonomie.* Bd. 1: *Der internationale Handel, die Handelspolitik und der deutsche Zollverein*, 2. Aufl., Stuttgart, Tübingen.

Love, Ngatata (1997), »Edward Gibbon Wakefield: A Maori Perspektive«, in: The Friends of the Turnbull Library (Hg.), *Edward Gibbon Wakefield and the Colonial Dream: A Reconsideration*, Wellington, S. 3–10.

Malthus, Thomas R. (1807), *Versuch über die Bedingungen und die Folgen der Volksvermehrung*, übers. v. F. H. Hegelrisch, Altona.

Malthus, Thomas R. (1925), *Eine Abhandlung über das Bevölkerungsgesetz*, Bd. 2 (= Sammlung sozialwissenschaftlicher Meister, Bd. 7), übers. v. Valentine Dorn, 2. Aufl., Jena.

Marais, Johannes S. (1927), *The Colonisation of New Zealand*, London.

Marschalck, Peter (1973), *Deutsche Überseewanderung im 19. Jahrhundert*, Stuttgart.

Martin, John E. (1997), »A ›Small Nation on the Move‹: Wakefield's Theory of Colonisation and the Relationship Between State and Labour in the Mid-Nineteenth Century«, in: The Friends of the Turnbull Library (Hg.), *Edward Gibbon Wakefield and the Colonial Dream: A Reconsideration*, Wellington, S. 106–122.

McMurtry, George (1992), *A Versatile Community. The History of the Settlers of Central Moutere*, Nelson.

Minson, Marian (1993), »Trends in German Immigration to New Zealand«, in: Bade, James N. (Hg.) (1993a), *The German Connection: New Zealand and German-speaking Europe in the Nineteenth Century*, Auckland, S. 40–44.

Möhlenbruch, Rudolf (1977), *»Freiher Zug, Ius emigrandi, Auswanderungsfreiheit«. Eine verfassungsgeschichtliche Studie*, zugl. Diss. Universität Bonn, Bonn.

Moltmann, Günter (1989), »Hamburgs Öffnung nach Übersee im späten 18. und 19. Jahrhundert«, in: Arno Herzig (Hg.), *Das alte Hamburg (1500–1848/49). Vergleiche, Beziehungen* (= Hamburger Beiträge zur Öffentlichen Wissenschaft, Bd. 5), Berlin, S. 51–72.

Müller, Frank L. (1999), »Imperialist Ambitions in Vormärz and Revolutionary Germany: The Agitation for German Settlement Colonies Overseas, 1840–1849«, in: *German History*, Bd. 17, H. 3, S. 346–368.

North, Michael (Hg.) (2005), *Deutsche Wirtschaftsgeschichte: Ein Jahrtausend im Überblick*, 2., überarb. Aufl., München.

Olssen, Erik (1997), »Wakefield and the Scottosh Enlightment, with Particular Reference to Adam Smith and His Wealth of Nations«, in: The Friends of the

Turnbull Library (Hg.), *Edward Gibbon Wakefield and the Colonial Dream: A Reconsideration*, Wellington, S. 47–66.
Osterhammel, Jürgen (2003), *Kolonialismus. Geschichte Formen Folgen*, 3. Aufl., München.
Pekiser, Arno (1987), *Funktion der städtischen Armendirektion des Berliner Magistrats in der ersten Hälfte des 19. Jahrhunderts*, Diss. masch. der Humboldt-Universität Berlin, Berlin.
Pohlmann, Cornelia (2002), *Die Auswanderung aus dem Herzogtum Braunschweig im Kräftespiel staatlicher Einflussnahme und öffentlicher Resonanz 1720–1897*, Stuttgart.
Postel, Rainer (1985), »Hanseaten. Zur politischen Kultur Hamburgs, Bremens und Lübecks«, in: Wehling, Hans-Georg (Red.), *Regionale politische Kultur*, Stuttgart, S. 15–35.
Rash, Felicity J. (2012), *German Images of the Self and the Other: Nationalist, Colonialist and Anti-semitic Discourse, 1871–1918*, Basingstoke u.a
Richards, Rhys (1993), »Plans for a German Colony on the Chatham Islands«, in: Bade, James N. (Hg.) (1993a), *The German Connection: New Zealand and German-speaking Europe in the Nineteenth Century*, Auckland, S. 46–51.
Ritter, Wiegand (1994), *Welthandel, Geographische Strukturen und Umbrüche im internationalen Warenaustausch* (= Erträge der Forschung, Bd. 284), Darmstadt.
Schramm, Percy E. (1950), *Deutschland und Übersee. Der deutsche Handel mit den anderen Kontinenten, insbesondere Afrika, von Karl V. bis zu Bismarck. Ein Beitrag zur Geschichte der Rivalität im Wirtschaftsleben*, Braunschweig u. a.
Schramm, Percy E. (1952), *Hamburg, Deutschland und die Welt. Leistung und Grenzen hanseatischen Bürgertums in der Zeit zwischen Napoleon I. und Bismarck*, 2., überarb. Aufl., Hamburg.
Schramm, Percy E. (1964a), *Neun Generationen. Dreihundert Jahre deutscher Kulturgeschichte im Licht der Schicksale einer Hamburger Bürgerfamilie (1648–1948)*, Bd. 2, Göttingen.
Schramm, Percy E. (1964b), »Die deutsche Siedlungskolonie Dona Francisca (Brasilien: St. Catharina) im Rahmen gleichzeitiger Projekte und Verhandlungen«, in: *Jahrbuch für Geschichte von Staat, Wirtschaft und Gesellschaft Lateinamerikas*, Bd. 1, Köln, Graz, S. 283–324.
Schulz, Andreas (1994), »Weltbürger und Geldaristokraten. Hanseatisches Bürgertum im 19. Jahrhundert«, in: *Historische Zeitschrift*, Bd. 259, H. 3, S. 637–670.
Sieveking, Heinrich (1896), »Hamburger Kolonisationspläne 1840–42«, in: *Preußische Jahrbücher*, Bd. 86, S. 149–170.
Sieveking, Heinrich (1912), »Das Handelshaus Voght und Sieveking«, in: Verein für Hamburgische Geschichte (Hg.), *Zeitschrift des Vereins für Hamburgische Geschichte*, Bd. 12, S. 54–128.
Sieveking, Heinrich (1923), *Karl Sieveking (1787–1847). Lebensbild eines Hamburgischen Diplomaten aus dem Zeitalter der Romantik*, Teil 1: *Die Ausbildung*, Hamburg.

Sieveking, Heinrich (1926), *Karl Sieveking (1787–1847). Lebensbild eines Hamburgischen Diplomaten aus dem Zeitalter der Romantik*, Teil 2: *Im Kampfe für die Freiheit von Vaterland und Vaterstadt*, Hamburg.
Sieveking, Heinrich (1928), *Karl Sieveking (1787–1847). Lebensbild eines Hamburgischen Diplomaten aus dem Zeitalter der Romantik*, Teil 3: *Das Syndikat*, Hamburg.
Sinclair, Keith V. (2000), *A History of New Zealand*, 5. überarb. Aufl., Auckland, New York.
Skrivan, Ales (1995), *Das hamburgische Handelshaus Johan Cesar Godeffroy & Sohn und die Frage der deutschen Handelsinteressen in der Südsee* (= Veröffentlichungen des Vereins für Hamburgische Geschichte, Bd. 81), Hamburg.
Smith, Adam (1974), *Über den Wohlstand der Nationen: Eine Untersuchung über seine Natur und seine Ursachen*, hrsg. und übers. v. Horst K. Recktenwald nach der 5. Aufl. [letzter Hand, 1789], München.
Smith, Philippa M. (2005), *A Concise History of New Zealand*, Cambridge u.a.
Smolka, Georg (1995), *Die Auswanderung als politisches Problem in der Ära des Deutschen Bundes 1815–1866*, 2., überarb. Aufl., Speyer.
Sutton, Douglas G. (1980), »A Culture History of The Chatham Islands«, in: *The Journal of the Polynesian Society*, Bd. 89, H. 1, S. 67–94.
Ustorf, Werner, »Die deutsche Antipoden-Colonie. Ein patriotischer Traum aus dem Hamburger Vormärz«, in: Entwicklungspolitische Korrespondenz (Hg.), *Deutscher Kolonialismus. Materialien zur Hundertjahrfeier 1984*, Hamburg 1983, S. 23–43.
Vogt, Annette C. (2003), *Ein Hamburger Beitrag zur Entwicklung des Welthandels im 19. Jahrhundert. Die Kaufmannsreederei Wappäus im internationalen Handel Venezuelas und der dänischen sowie niederländischen Antillen* (= Beiträge zur Unternehmensgeschichte, Bd. 17), Stuttgart.
Walker, Mack (1964), *Germany and the Emigration 1816–1885*, Cambridge/Mass.
Washausen, Helmut (1968), *Hamburg und die Kolonialpolitik des Deutschen Reiches 1880–1890* (= Veröffentlichungen des Vereins für Hamburgische Geschichte, Bd. 23), Hamburg.
Weber, Klaus (2004), *Deutsche Kaufleute im Atlantikhandel 1680–1830. Unternehmen und Familien in Hamburg, Cádiz und Bordeaux* (= Schriftenreihe zur Zeitschrift für Unternehmensgeschichte, Bd.12), München.
Wegner, Matthias (2008), *Hanseaten. Von stolzen Bürgern und schönen Legenden*, München.
Wolfe, Richard (2007), *A Society of Gentlemen. The Untold Story of the First New Zealand Company*, Auckland.

2.2. Artikel in Nachschlagewerken

Denholm, David (1969), »Beit, William (1829–1872)«, In: Melbourne University Press (Hg.), *Australian Dictionary of Biography*, Bd. 3, S. 130–131.
»Münzen, Maße und Gewichte (Übersicht)« (1935), in: *Der Volks-Brockhaus*, 3., überarb. Aufl., Leipzig, S. 464.

Sillem, Wilhelm (1892), »Sieveking, Karl«, in: Historische Kommission bei der Bayerischen Akademie der Wissenschaften (Hg.), *Allgemeine Deutsche Biographie*, Bd. 34, S. 227–231.

2.3. Internetliteratur

ACT Parliamentary Counsel (Hg.) (2002), *Australian Courts Act 1828 9 Geo 4 c 83*, http://www.legislation.act.gov.au/a/db_1785/19870112-2268/pdf/db_1785.pdf, zuletzt aufgerufen am 18.03.2014.

Brietzke, Dirk (2005), »Ross, Edgar Daniel«, in: *Neue Deutsche Biographie*, Bd. 22, S. 94–95, http://www.deutsche-biographie.de/pnd134008006.html, zuletzt aufgerufen am 18.03.2014.

»Hamburg« (1857), *Pierer's Universal-Lexikon*, Bd. 7, S. 895–901, http://www.zeno.org/Pierer-1857/A/Hamburg+%5B1%5D?hl=hamburg, zuletzt aufgerufen am 18.03.2014.

Privy Council Office (Hg.), »Royal Charters«, http://privycouncil.independent.gov.uk/royal-charters/, zuletzt aufgerufen am 18.03.2014.

Solomon, Māui; Denise Davis (aktualisiert am 13.07.2012), »Moriori«, in: *Te Ara – The Encyclopedia of New Zealand*, http://www.teara.govt.nz/en/moriori/6, zuletzt aufgerufen am 18.03.2014.

»Stader Zoll« (1863), in: *Pierer's Universal-Lexikon*, Bd. 16, S. 657, http://www.zeno.org/Pierer-1857/A/Stader+Zoll, zuletzt aufgerufen am 18.03.2014.

»Südkaper« (zuletzt geändert am 06.11.2007), http://www.wale.info/Südkaper, zuletzt aufgerufen am 18.03.2014.

Treaty of Waitangi Tribunal (Hg.) (2001), »Rekohu: A Report on Moriori and Ngati Mutunga Claims in the Chatham Islands« (= Wai Nr. 64: Waitangi Tribunal Report), https://forms.justice.govt.nz/search/Documents/WT/wt_DOC_68595363/Wai64.pdf, zuletzt aufgerufen am 18.03.2014.

Ward, Adolphus W. (1899), »John Ward«, in: *Dictionary of National Biography*, Bd. 59, London, S. 323, http://en.wikisource.org/wiki/Ward,_John_(1805–1890)_(DNB00), zuletzt aufgerufen am 18.03.2014.

3. Abbildungen

Abb. 1: *Karte der Chatham-Inseln 1841*, Karte von John Arrowsmith, gedruckt in: Dieffenbach 1841, S. 195–196.

Abb. 2: *Entwurf des Banners der »Deutschen Antipodenkolonie«, gezeichnet von O. Speckter im Auftrag Karl Sievekings*, Fotografie des Originals von Johannes von Mallinckrodt, gedruckt mit freundlicher Genehmigung von Dr. Hinrich Sieveking.

»Beiträge zur Geschichtswissenschaft«, herausgegeben von Ernst Piper

Weitere Bände:

Mara Müller

»Freiheit für Nelson Mandela«

Die Solidaritätskampagne in der Bundesrepublik Deutschland (= Band 1 der Reihe Hamburger postkoloniale Studien, herausgegeben von Jürgen Zimmerer

Fast drei Jahrzehnte befand er sich in Gefangenschaft und ist die berühmteste Person, die mit Kraft und Widerstandsfähigkeit das Apartheidregime in Südafrika bekämpfte: Nelson Mandela. Nach dem Ende der Apartheid war er von 1994 bis 1999 der erste Präsident des demokratischen Südafrika. Sein Tod am 5. Dezember 2013 löste weltweit Trauer aus. Nelson Mandela steht für die Überwindung der Apartheid und ist Träger des Friedensnobelpreises. Wie jedoch ist es möglich, dass eine Person, die fast 27 Jahre in Haft verbracht hat, derart berühmt werden konnte? Und aus welchem Grund wurde ihm, obwohl er sich so vehement für den Kampf einsetzte, der Friedensnobelpreis verliehen?

ISBN 978-3-86906-664-6, 136 S., Paperback, € 18.90

Linda Lucia Damskis

Zerrissene Biografien

Jüdische Ärzte zwischen nationalsozialistischer Verfolgung, Emigration und Wiedergutmachung

Das NS-Regime raubte jüdischen Ärzten ihre berufliche, soziale und wirtschaftliche Existenz. Viele wurden Opfer der Deportation in die Vernichtungslager. Andere überlebten in der Emigration, wo sie unter höchst unterschiedlichen Bedingungen einen beruflichen Neuanfang suchten. Nur die wenigsten kehrten nach 1945 in die frühere Heimat zurück. In exemplarischer Absicht rekonstruiert dieses Buch elf ausgewählte Lebensläufe jüdischer Ärztinnen und Ärzte aus Bayern.

ISBN 978-3-86906-053-8, 256 S., Paperback, € 14.90

Barbara Ellermeier

Neue Römer braucht das Land

Aktuelle Museumskonzeptionen zur Römerzeit in Rheinland-Pfalz

Seit der Renaissance werden römische Funde systematisch gesammelt und ausgestellt. Immer hat sich die Präsentation in ihren Formen und Themen der jeweiligen Zeit angepasst. Erstmals beschäftigt sich Barbara Ellermeier mit Tradition und Gegenwart solcher Museen. »Neue Römer braucht das Land« ist eine fundierte Analyse, wie sich die Römer-Ausstellungen im Spannungsfeld zwischen Angleichung und Alleinstellungsmerkmalen behaupten müssen, und zugleich ein kenntnisreicher Blick hinter die Kulissen des Museumsgeschäfts.

ISBN 978-3-86906-118-4, 492 S., Paperback, € 49,–

Tanja Hetzer

»Deutsche Stunde«

Volksgemeinschaft und Antisemitismus in der politischen Theologie bei Paul Althaus

1933 setzt Paul Althaus, der bedeutende theologische Autor, seine Unterschrift unter das antisemitische »Gutachten zum Arierparagraph« der Erlanger Universität. Wie kam der Systematiker, Neutestamentler und Lutherforscher, der beliebte akademische Lehrer und Prediger zu einer solch dezidiert antisemitischen Äußerung? Tanja Maria Hetzers ideengeschichtliche Studie spannt einen Bogen, um diese Fragen zu beantworten: Sie beginnt mit der »Entnazifizierung« der Theologischen Fakultät der Universität, rekonstruiert seinen theologischen und (kirchen-)politischen Werdegang, seinen Einsatz als Gouvernementpfarrer im besetzten Polen während des Ersten Weltkrieges und seine Entwicklung zum konservativen, der »Positiven Theologie« zugehörigen Akademiker.

ISBN 978-3-86520-328-1, 296 S., Paperback, € 28,–

Zwi Katz

Von den Ufern der Memel ins Ungewisse

Eine Jugend im Schatten des Holocaust

Mit dem Einmarsch der deutschen Wehrmacht in Litauen endet die Kindheit des 14-jährigen Zwi Katz abrupt: Die Nationalsozialisten internieren den aus einem liberalen jüdischen Elternhaus stammenden Jungen im Ghetto seiner Heimatstadt Kaunas. Von nun an schwebt er in ständiger Todesgefahr. Nach vier Jahren wird der Jugendliche ins KZ Kaufering, einem Außenlager des KZ Dachau, verschleppt. Als sich die Westfront nähert, schickt die SS die Häftlinge auf einen »Todesmarsch« Richtung Tirol, bei dem Katz nur knapp seiner Erschießung entgeht. Am 2. Mai 1945 wird er schließlich von den Amerikanern befreit. Zwi Katz lässt in seinen persönlichen Aufzeichnungen die unbeschwerten Jugendjahre in Litauen wieder lebendig werden, aber auch die furchtbaren Jahre der Verfolgung.

ISBN 978-3-86906-074-3, 132 S., Paperback, € 14.90

Ralf Retter

Zwischen Protest und Propaganda

Die Zeitschrift »Junge Kirche« im Dritten Reich

Die »Junge Kirche« war die führende Zeitschrift der Bekennenden Kirche (BK) in der Zeit des Nationalsozialismus und von grundlegender Bedeutung für ihre Öffentlichkeitsarbeit. Welches Verhältnis nahm die »Junge Kirche« zum Nationalsozialismus ein und welche Rolle spielte sie innerhalb der evangelischen Publizistik und der Bekennenden Kirche? Kann sie wirklich als Sprachrohr der BK und als ein Organ des kirchlichen Widerstandes angesehen werden?

ISBN 978-3-86906-066-8, 388 S., Paperback, € 44,–